ピカいちのリフォーム投資

改訂版

株式会社ピカいち
代表取締役
柳田 将禎

業界最安値に挑戦!!

プラチナ出版

(外観)＋(リビング)

↑
← 新築物件
女性に好かれる
「LIKE」シリーズ
↓

(ロフト)＋(ロフトへの階段)

（キッチン）

↑ 厚木ＲＣ造物件

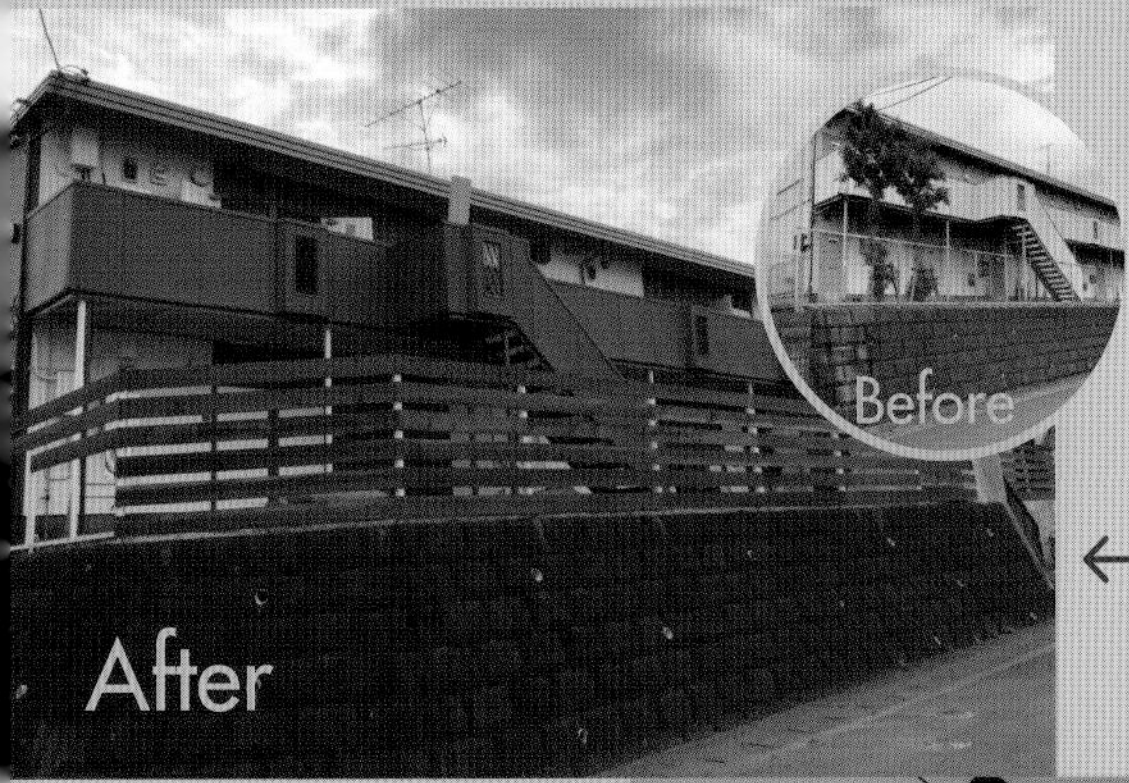

← 我孫子
一棟まるごと
リノベーション
物件
↓

（外観）

グリーンコート
半分の入居から満室へ

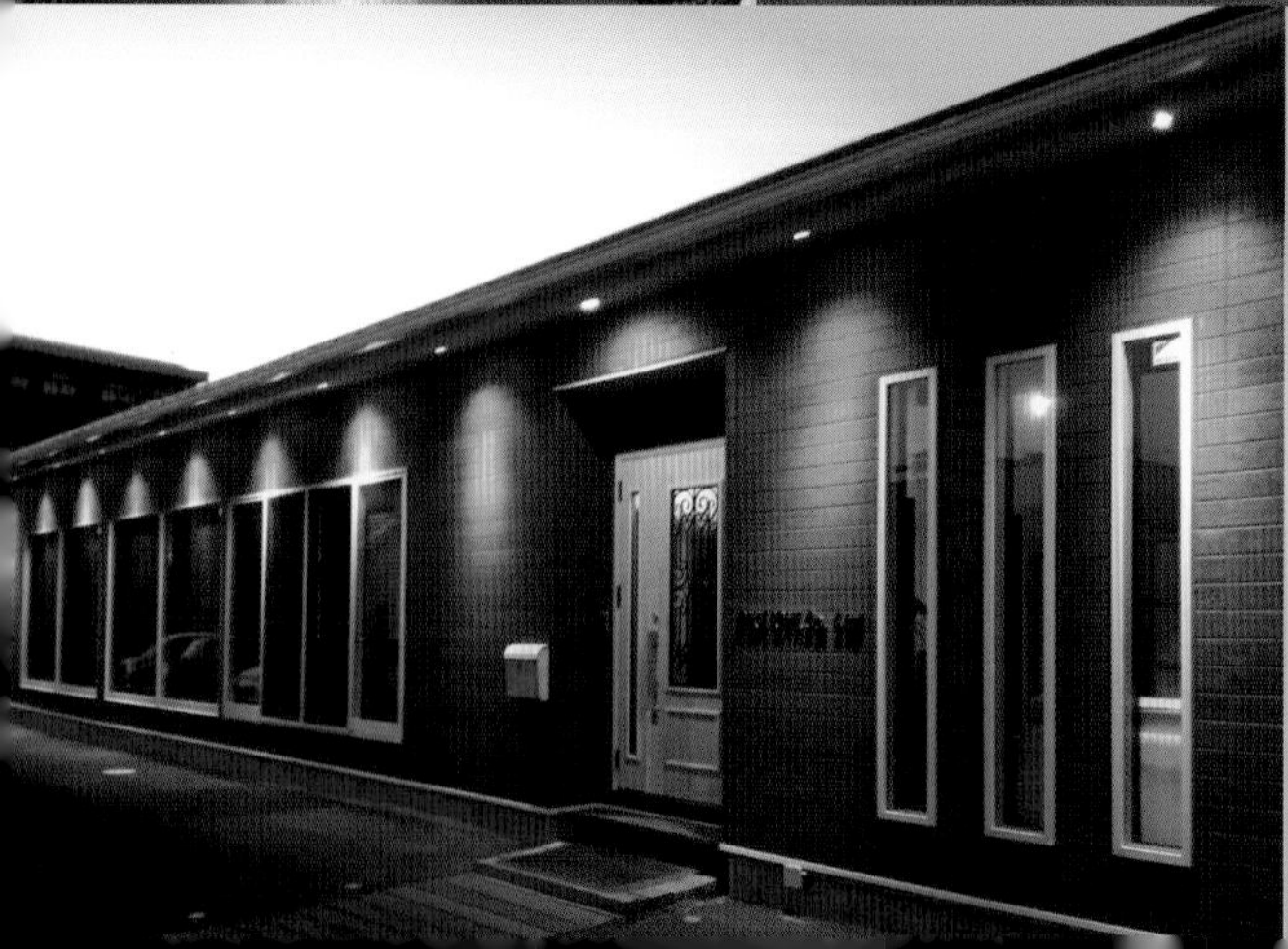

本社屋

改訂版発刊にあたって

たくさんある不動産投資の書籍の中から、本書を選んでいただきましてありがとうございます。本書は２０１９年10月に発売された『ピカいちのリフォーム投資―業界最安値に挑戦!!』の改訂版となります。

巻頭事例の更新や加筆にくわえて、リフォーム事例をカラー写真で見ていただけるようＱＲコードを付けています（登録いただければ無料でご覧いただけます）。そのほか巻末には、読者特典も用意していますので楽しみにしてください。

さて、改めて自己紹介からさせていただきます。私は千葉県の一宮町にて不動産投資・収益物件アパート専門のリフォーム会社を経営しています。くわしい経緯は序章にありますが、創業前は勤めながら不動産投資をしていた「サラリーマン大家」でした。

初めて物件を購入したのは競売物件で、そのリフォームを自分で行いました。当時は自分の時間よりもお金のほうが大事だと思っていたため、本業が終わってから深夜遅くまで約半年をかけて、コツコツとセルフリフォームをしたのです。

この時、どうしても自分でできないようなところに関しては大工さんにお願いしたのですが、結局、思った以上に時間も費用がかかってしまいました。

また、一生懸命やったとはいえ、所詮は素人……。結局、高くついたうえに、疲れて、さらに仕上がりも汚いのです。しかも約半年分の賃料の機会損失が生まれたという散々たる結果でした。

「誰か不動産投資に精通していて、安くて費用対効果の高いリフォームを代わりにやってくれる人はいないかな?」

「ん…?　自分でやれば同じ悩みをもつ方々の助けになるのでは?」

そう思ったのが、リフォーム会社創業のきっかけでした。


そして、私は「本当の安さって何だろう?」と考え、とことん追求することにしました。

そのため設立当初のピカいちは、どこまで安くできるのか業界最安値に挑戦をしていたのです。しかし、どれだけ削り落としても0円にはできません。

そんななか自社での不動産賃貸業では、ボロ物件を買ってリフォームをして貸すといった、リフォーム業を営んでいる利点を活かした事業展開に移っていました。

そこで気づいたのは、「ボロ物件はそのまま原状回復して貸せば家賃は安い。しかしリノベーションをして新築同様に、またはバージョンアップすれば家賃は上がる!!」ということ。かけた費用は上がった家賃で返ってくるのです。

つまり、リフォームは投資なのです。

費用をかけても、かけた費用以上に儲かる……0円より安い!?　それこそが『真の意味での安さ』であると気づきました。

その結果、単なる業界最安値に挑戦するだけではなく、進化を遂げ、真の意味での業界最安値に挑戦する——言い換えると、「費用対効果の高い工事を業界最安値で提供することに挑戦する企業」に生まれ変わりました。

現在、リフォーム実績は累計9567世帯で会社は10期目を迎えました（2021年3月現在）。不動産投資実績は、会社と個人でも物件を運用しておりますが、70棟680世帯、物件総額36億円以上を満室表面利回り約18%で稼働させています（法人・個人名義を合算。2021年3月現在）。

さらに、主となる業務であるリフォームにくわえて、土地から仕入れて利回り10%の新築の貸戸建て・アパートの実績も50棟ほどになりました。昨年の2020年には、海浜幕張に支店をオープンさせました。こちらは収益物件専門の新築に特化したオフィスになります。

改訂にあたってお伝えしたいのは〝衣食住〟の中で「住」は強いということです。

昨年から続くコロナ禍において、「衣」（アパレル）や「食」（飲食店）はダメージを受けましたし、同じ不動産でも店舗やオフィスも撤退が続いていますが、「住」への影響はほぼありませんでした。やはり、どんな状況でも「住まい」は必要であることを実感しました。

そんな生活に欠かせない「住」で利益を得るのが不動産投資です。不動産投資を成功させるためには、快適で安全な住まいを安く手に入れて、適正な価格で貸し出すことが肝となります。

本書では、私がこれまでの経験で培った知識・技術・ノウハウをあますところなく公開、〝負〟不動産を勝てる不動産にするためのリフォーム投資術をお伝えいたします。

どうぞ、この先を読み進めてください！

２０２１年３月

ピカいちのリフォーム投資 改訂版 目次

序章

自衛隊、英会話学校を経て不動産投資家へ

第1章 あなたは「負」動産を購入していませんか？

第2章

もっとも大切なのは「高稼働」させること

第3章

「商品化」する前に知っておくべきこと

第4章

価値を上げるリノベーション実践テクニック

第5章

売却×規模拡大！ 選択肢を持って次のステージへ！

装丁・ＤＴＰ◎二ノ宮 匡（ニクスインク）

序章

自衛隊、英会話学校を経て
不動産投資家へ

遊んでばかりいた学生時代

本章では、私が今の仕事に就くまでのエピソードをお話ししたいと思います。

私は高校を卒業した後、理系の専門学校に進学しましたが、ほとんど学校には通わず、遊んでばかりいて、何の目的もなく相当に堕落した生活を送っていました。

そもそも専門学校に入ったのも、何かしたいことが明確にあったわけではなく、「とりあえず進学しておけば、2年間は働かないで遊べるのかな」という甘い考えだったのです。

しかしとある日、ふと自分の生活を見つめ直したとき、「いったい、俺は何をやっているんだ。このままではダメだ！」と反省、いろいろと模索していたところ1冊の本に出会いました。

くわしいタイトルは忘れたのですが『夢の実現』をするための本です。そこには「**何かを成し遂げたいなら、人生の夢を決めたほうがいい**」と書かれていて、自分も変わらなくては……と感じたのを覚えています。

幼いころの私も夢はいくつかあったのですが、強い想いがあったわけではなく、現実に即した夢でもありませんでした。

そこで思いついたのが「海外に行ってみたい」という夢です。

今思えば単純な夢ですが、当時は海外へ行ったことがなく、外の世界を見てみたいという軽い気持ちで、夏休みを使いバリ島へ一人旅に出たのです。

バリを選んだのは、「サーフィンができるから楽しい」という話を友だちから聞いていたからです。「行けば何とかなるだろう」と、計画も立てず10万円をにぎりしめて旅立ちました。しかし空港に到着しても、街までの行き方がわからないし、泊まる場所すら決めていないことに危機感を抱きました。

本当にヤバイと焦った私は、片っ端から同じ飛行機に乗っていた日本人に話しかけ、何とか同じ飛行機に乗り合わせていた日本人に、街まで案内してもらえました。また、バリ島に着いてからもオープンマインドにいろいろな人に声をかけたり、自ら行動をして楽しむことができました。

その経験を通じて学んだのは、「結局、**環境が変わっても、自分が変わらなかったら何も変わらない**」ということ。**自分から行動しなければ何も変わらない**ということです。

日本にいようがバリ島にいようが、自分から行動を起こさなければ、新しい出会いや発見は生まれないことに気づいたのです。また、綿密にスケジューリングをしていたら、そこに合わせて行動することが中心になってしまい、その場の感情や感覚に合わせた行動もとりにくくなります。

こうして「海外に行く」という夢を叶えることはできたものの、その後に夢となるものは何もありませんでした。バリ島から帰ってきてからの私は抜け殻のような状態で日々を送っていました。

このとき、「夢は具体的であればあるほど、叶ったあとに空虚感が出る。だから、夢というのは限りなく大きくて抽象的なものでなければいけない」と思いました。

そこで私は「人間としてでかくなる！」という新たな夢を持ちます。

次に、大きな人間になるためには、「多くの人を幸せにする（手助けをする）」と考えました。なぜなら、「人をたくさん幸せにできる人は、人間としても大きな人だ」と考えたからです。

さらに「人を幸せにするために、具体的に何をしたらいいのか」と考えたとき、まずは自分自身が幸せになる必要がある。そのためには、たくさんの経験を積まなくてはならない。人生経験を積むなら、「自分が一番やりたいこと」と「一番やりたくないこと」をし

夢

「人間としてでかくなる！」

↓

第１階層

夢を叶えるために何をすべきか

「人が幸せになるための手助けをする」

↓

第２階層

「まずは自分が幸せになる必要がある」

↓

第３階層

具体的な行動

「まずは自分自身の経験を積む」

↓

第４階層

より具体的な行動

「自分が一番やりたいことと一番やりたくないことをやる」

↓

第５階層

実際の行動

一番やりたい「オーストラリアにワーキングホリデー」

一番やりたくない「自衛隊に入る」

なければならないと考えました。

まずはやりたくないことからやろうと思い、私が一番やりたくない仕事の自衛隊を、初めての就職先として選びました。

自衛隊に入隊していた期間は約2年です。

「一度やると決めたからには本気で取り組もう」という強い想いを持っていました。

また、次の行動としてワーキングホリデーに行くことが決まっていたので、自衛隊では当時、手取りは12、13万円でしたが、毎月10万円を貯金していました。

自衛隊といえば非常に厳しい印象がありますが、実際にはだらけた生き方をしている人はいるし、逆にストイックに努力し続

一番やりたいこと

↓

「オーストラリア・ワーキングホリデー」

一番やりたくないこと

↓

「自衛隊に入ること」

けている人もいる……バリで学んだように、「**環境が変わっても、自分が変わらなかったら何も変わらない**」「**自分から行動しなければ何も変わらない**」ということを再認識し、隊で表彰されるほど優秀な隊員になりました。

オーストラリアにて、サーフィンと英語の日々

お金が３００万円ほど貯まったタイミングで自衛隊は辞め、再び海外に向かいました。

渡航先はオーストラリア。バリ同様、サーフィンができるからです。ワーキングホリデーで1年間滞在したときは、サーフィンのポイントからほど近い一軒家の1階に下宿していました。２階にはホストファミリーが住んでいたのですが、彼らはサーフボードをつくる仕事（シェイパー）をしていました。

オーストラリアに知り合いは一人もおらず、途方に暮れていたのですが、行動することの重要性を思い出し動いたところ、徐々に友人も増えていきました。

現地で知り合った友人に仕事の相談をしてみると、韓国人が経営しているクリーニングのショップを紹介してもらいました。閉店後のショッピングモールやアイリッシュパブを清掃する仕事です。

スタートは深夜の3時。広大な面積のショッピングモール等を、２~3時間かけて清掃します。眠いのはもちろんのこと、とにかく広いですから慣れるまですごく大変でした。

働いている人もサーファーが多く、その韓国人もサーファーでした。日の出前に仕事をして、仕事が終わったらサーフィンをする生活です。

その後、ショッピングモールの清掃から、ホテルのベッドメイキングとルームクリーニングの仕事に転職しました。ホテルのルームクリーニングでは、部屋に汚れや前の客の形跡が残っていることが許されません。鏡一つとっても指紋が残ってはいけません。

部屋の掃除といっても、何となくキレイにするだけでなく、しっかりプロの仕事として仕上げるのは思っている以上に大変でしたが、このアルバイトで得た学びが、後の起業に生きてくることになります。

一方、語学学校はその仕事をしながら4カ月間通いました。まったく英語ができなかったので、一番下のクラスからのスタートです。

正直、最初のころはまったく授業についていけませんでした。けれども、頑張って貯めた授業料を無駄にできないので〝超優等生〟として、積極的に授業へ臨みました。

そして、ちょうど1年後に日本へ帰国しました。

海外で学んだことは、前回バリに行ったときと同じ、自衛隊にいたころと同じ「**環境が**

変わっても、自分が変わらなかったら何も変わらない」「**自分から行動しなければ何も変わらない**」というものでした。ただ漠然と海外で過ごしても何も変わりません。オーストラリアに行きさえすればサーフィンがうまくなるわけではありませんし、英語力も同様なのです。

自分自身をいえば、英語力がものすごく上がりました。その学校に通っていた3、4カ月で日常会話が普通にしゃべられるようにまで成長しました。

高校時代は赤点を取るほどの苦手な教科でしたが、帰国後はTOEICで780点を取れるレベルまで伸びました。

ではオーストラリアに行けば、誰でも英語力が伸びるのかというと、そんなことはないと思います。日本人同士で固まっていれば、日本語で事足りますから成長は望めません。

その点、私は意識的に日本人と関わらないようにしており、友人も当然外国人ですので、英語を使ってコミュニケーションせざるを得ません。そうして逃げ道を断って英語を学んだのです。

英会話学校へ就職したものの倒産！

帰国後は、英会話学校に就職しました。

そのとき『金持ち父さん貧乏父さん』（ロバート・キヨサキ著／筑摩書房）をすでに読んでいて、兄が不動産会社で働いていたこともあり、**不動産に関心はありました**。ただ直前に英語を頑張っていたので、せっかくならそれを活かせる仕事をしたいと思い、英会話学校のマネージャーという職に就きました。

仕事の内容は、学校運営業務全般に及びます。具体的にいうと、お客さまとのカウンセリング、契約、先生たちとのコミュニケーション、スケジューリングなどです。

現場で働く先生は、ほとんどが外国人です。彼・彼女らをうまくマネジメントしながら、自分の営業成績を伸ばす仕事をしていました。外国人の全員が全員そうだというわけではありませんが、とある担当をした外国人の先生は、日本人と違って「それが自分の仕事なのか？」ということに厳密です。

私は通常業務以外に学校を良くしていくことも仕事だと認識していますが、外国人の先生方は「自分は授業を教えることが仕事」と考えます。仕事場である教室を整理整頓してキレイに保つのは、私は当然自分の仕事だと捉えますが、外国の先生方は、教室を片付けて掃除をする発想がありませんでした。

そこで私は、自分が率先して動くことで、みんなの意識も徐々に変わっていくようになりました。

また、今まで人に使われる立場でしたが、ここでは人を使う（協力してもらう）立場となりました。実際、多くのことはやってもらうより、自分でやったほうが効率も良く早くできます。しかし、私だけでは限界が訪れます。だからこそ、人にお願いするのです。

こうして初めてサラリーマンとして働いたわけですが、最終的には、北関東を統括するポジションまで昇進することができました。

しかし、2年ほど勤めたある日突然、会社が倒産してしまいました。そこで痛感したのは、やはりというべきか「**最終的には環境でも他人でも会社でもなく自分なんだ**」「**環境が変わっても、自分が変わらなかったら何も変わらない**」「**自分から行動しなければ何も変わらない**」ということでした。倒産する会社を選んだのは自分、それに会社を立て直すことができなかったのも自分。そして、他者に依存しているかぎり、また同じ状況に陥る可能性は十分にある……そう考えたのです。

2009年、兄と共に不動産投資を開始

不動産投資は、2009年からはじめています。

これは私の夢にも関係あります。人としてでかくなるため、人を幸せにする手助けをしたいと考えた私が、自衛隊から海外、英会話学校への就職と経験を積んでいましたが、そこで考えたのは自分、そして人を幸せにするためには「時間とお金が必要だ」ということでした。

人を手助けするには、まず自身に金銭的にも時間的にも余裕がなくてはいけません。それを得るためには不動産投資はぴったりだと思ったのです。

そこに至るまでには兄の存在もありますが、不動産投資家のバイブルともいえる『金持ち父さん貧乏父さん』（筑摩書房）のロバート・キヨサキ氏の考え方が大きく影響しています。

最初は兄を手伝う形で競売代行のビジネスをしていたのですが、ついに自分で物件を買

うようになったのです。

はじめての物件は兄と半分ずつお金を出し合って、千葉県茂原市にある区分マンションを競売で落札しました。この物件を購入して、正式に不動産投資をスタートさせたのが2009年です。

兄が不動産会社に勤務していて知識もあったため、物件購入の判断をしていました。私は「この物件なら、リフォームして貸し出せば毎月6万円が入る。年間なら72万円」といった大まかな儲けの流れを把握していたくらいです。

当時の私の年収は400～450万円程度。月20万円もあれば十分に生活していけると満足していた時期です。初めての物件を購入し、その物件の家賃収入と、競売の代行でお金を貯めていきました。

競売代行では、ボロボロの物件を競売で落札して商品化します。

その際には必ずリフォームを行っていました。**不動産投資におけるリフォームは、商品化だけでなく運営時でも必須です。**つまり必要なことであれば、それは事業として成り立つと考えました。

また、英会話学校が倒産する少し前から、兄と共に不動産会社「合同会社なごみ」を起業しており、私もサポートしていました。

不動産投資ではオーストラリア時代の経験を活かして、休日にハウスクリーニングを自分自身で行っており、徐々に自分でリフォームを手掛けようかと考えはじめたときに英会話学校が倒産したのです。

それまでは副業として不動産投資をしていましたが、本業がなくなったこともあり、**自分で起業をしよう**と考えました。

そして、英会話学校を辞めた直後に、まずは個人事業主として『お掃除&リフォームのピカいち』をスタートしました。その1年後に株式会社を設立します。起業した当初は、オーストラリアの留学の際に学んだ清掃業をメインの事業としていました。

月20万円くらいの手取りなら、個人事業主としてはじめて1、2カ月で稼げるようになりました。清掃業だと、4、5件も受注すれば20万円になります。

同時に兄と共に起業した不動産会社「(合)なごみ」で得たお金は、貯金して不動産の購入資金として充てていました。不動産投資をしながら、その儲けは再投資していたのです。

個人事業ではじめた「ピカいち」を法人化したのは、株式会社にしたほうが安心感も税金面でも有利だと考えたからです。

また、それまで私自身がクリーニングを行っていましたが、徐々に仕事が増えていき一人では請けきれなくなりました。クリーニングを自分一人で行えば利益率は高いですが、その分労力は必要です。

そこで人を雇って仕事を振り分けるように仕組みをつくりました。ここでは英会話学校でのマネージメントの経験が活かされました。クリーニングだけでなく、リフォームで職人を雇うのも同様です。自分が動くのではなくて、人に協力してもらうことで、レバレッジが効いてより大きな仕事、多くの仕事を受注しまわしていくことが可能になります。

リフォーム業については、最初のころは大工さんの手伝いをして一緒に仕事をしていました。そのうち、現場監督の立場で仕事をしたり、営業に出たりすることが増えていきます。

そして、数々の素晴らしい出会いとたくさんの協力のおかげで、今の「ピカいち」の形態となりました。現在ではクリーニングやリフォーム業だけでなく、**収益物件の新築**や**不動産の運用**も手掛けており、多くのサラリーマン投資家さんのサポートをさせていただいております。

事業と不動産投資、両輪での成功

こうして私は不動産投資とクリーニング・リフォームの事業という2本柱に注力して、そのどちらの規模も拡大させていきます。そして今の資産を合わせると、33億円近くになると思います。不動産投資家としての実績は、法人名義で60棟、個人で8棟、合計約650世帯を所有しています。

このように書くと、順調に成功しているように思われるかもしれませんが、決してそんなことはなく失敗経験もたくさんあります。

私にあったのは、「**素晴らしい仲間との出会い**」「**運**」と「**行動力**」、そして「**失敗から学び成長**」するという「**あきらめない力**」だと思います。

不動産投資に対するスタンスは、お金を投資して増やすという感覚よりは、「これをやったら間違いなく儲かるだろう」と考えてのことです。私自身、多くの物件を購入するなかで、「売って儲けるための物件」「持ち続ける物件」で比較すると、最初はひたすら売却することに集中していました。そもそも私は競売の代行ビジネスをしていましたから、売却を見据えて物件を購入することに慣れていたのです。

『金持ち父さん貧乏父さん』にはストックの重要性が書かれていますが、自分のなかにはっきりとした回答は出ていませんでした。当時、物件の判断基準は「買った瞬間に売れるのか」であり、その金額であれば間違いなく売れる価格でなければ買いませんでした。

不動産投資の面では、リフォームをしていると物件を紹介してもらえることがあります。非常にお買い得な戸建てを紹介してもらい、リフォームして転売するケースもいくつかありました。当初は会社の信用もなくノンバンクより借入れをしていたため、金利は高かったのですが、それを考慮しても十分キャピタルゲインが得られる物件でした。

このように私の場合、最初は不動産業者であった兄の影響で不動産投資をはじめたこともあり、転売ありきと考えていたのです。

しかし、ある時期から、物件を売ってしまったらそのときの利益にしかならないことに気づきました。また売却には手間もかかりますし、売却してしまえば長期的な収益を生みません。**物件をストックしてインカムゲインで永続的にお金を得る**ことの重要性を改めて知ると同時に、リフォームでストックする物件の価値を上げていくことの大切さを知ったのです。今は物件売却におけるキャピタルゲインと共に、物件をストックしてインカムゲインで資産を築く手法の両方を行っています。

激増した失敗投資家の現実

私の場合は不動産投資だけではありませんが、サラリーマン投資家には、不動産投資……つまり不動産賃貸業で成功して、会社をリタイヤして専業大家になる人もいます。そのなかには資産を拡大し続ける「**メガ大家**」と呼ばれる人たちがいます。

こうした成功大家さんによる書籍がたくさん発売されていますが、**成功して実績をあげているサラリーマン投資家はホンの一握り**。成功者の陰には多くの失敗投資家が存在します。

記憶に新しいのは2018年にニュースになった新築シェアハウス「かぼちゃの馬車」のスマートデイズの破たん、スルガ銀行の不正融資問題です。

その他に有名な収益専門不動産会社が廃業したり、スルガ銀行以外でも不正融資が見つかるなど、これまで盛り上がっていた不動産投資ブームが一気に冷え込んだように思えます。

不正融資で行われたのは、「エビデンス改ざん」といわれる資産背景を示す通帳の書き替えや、「二重売契」といわれる価格の書き替えなどです。

通帳の原本ではなくコピーで提出するのであれば、数字を書き替えるのは容易です。契約書も売主と取り交わすものと、銀行融資用のものが存在し、とにかく融資さえ通ればいいという考え方の元に多くの不正が行われました。

新築シェアハウス「かぼちゃの馬車」では、都内23区で駅から徒歩10分内の物件が利回り8％程度でうたわれていましたが、実際には駅から徒歩10分を超える物件もありました し、利回りの根拠となる家賃が相場賃料より1万円も高く設定されていました。

報道では、シェアハウスやアパートなど新築ばかりが取り上げられていますが、もっと悲惨なのは地方の中古RC造マンション、重量鉄骨造アパートにも不正融資の事実があったことです。くわしい手口はスルガ銀行の第三者委員会の調査報告書に記載されていますが、かなり露骨な手段がとられていました。

被害者であるサラリーマン投資家からすれば「知らなかった。だまされた」という感覚があるようですが、自己資金を使わない、いわゆるオーバーローンを使った投資にまったくのリスクが存在しないと思うほうがおかしく思えます。

初心者のために簡単に説明しますと、購入金額の全額を借入れすることをフルローン。諸費用など購入金額以上に借入れすることを「オーバーローン」といいます。

フルローンではおおよそ購入金額の7％ほどの諸費用を自己資金として使いますし、一般的な融資では頭金は物件価格の1～2割が必要です。

つまり本来なら物件価格の1～2割にくわえて、諸費用を用意しなくてはいけないところを、自分の資金を1円も出さずに1億円以上の物件を購入しているわけです。それがどれだけ不自然なことなのか、まったく理解せず、そこにリスクが一切伴わないと考えているサラリーマン投資家のほうが非常識にも感じます。

結局のところ、ウソで塗り固めて強引に融資を受けて物件を購入したということです。当然、そうした物件には業者の利益が乗っていますから、割安であるわけがありません。選択基準は「銀行融資が付く条件を備えている」という一点だけに絞られています。

被害者の多くがエリートサラリーマンや、公務員、医師や士業の方です。これまでの社会的な成功から、まさか自分がだまされることはないだろう……そんな過信もあったのかもしれません。基本的に人は「美味しい儲け話」が大好きですから、思わず乗ってしまった気持ちもわかります。

注意いただきたいのは、一般的に安定した地位についている、社会的信用が厚い人ほど、不誠実な業者からすれば「美味しいカモ」になるのです。

同じことは地主さんにもいえます。

新築シェアハウスは「長期の一括借り上げで家賃を保証します」といって数年後に保証家賃が払えず倒産しましたが、アパートメーカーも同様のうたい文句で新築アパートを売っています。アパートメーカーは途中で倒産はしていませんが、当初の家賃からどんどん減額されて「聞いていた話と全然違った」というのは、よくある話なのです。

世の中に、誰かが一方的に得な話はありません。もちろん、関わる人全員がwin－winになるような不動産投資ができたら理想的ですが、誰かに与えてもらえるのを待っているだけでは、「いいカモ」になってしまうのが関の山でしょう。

では、どうすればいいのかといえば、やはり「**自分の頭で考えて判断して行動すること**」です。誰かのせいにするのではなく、自分の行動に責任を持ちましょう。そうした判断をするためにも知識が必要ですし、勉強だけでは学べない部分については信頼できるパートナーを見つけて協力体制をとります。

サラリーマン投資家が自分自身で何もかもするのは無理があります。かといって100％を丸投げして思考停止でいては、悪徳な業者にだまされてしまいます。

次の章からは、あなたの置かれた立場がどのような状況なのか、まずはそれを確認するところからはじめます。

第1章

あなたは「負」動産を購入していませんか？

あなたは「勝ち組」それとも「負け組」？

ここ数年、不動産投資は一般のサラリーマンの関心を集め、実際に投資をはじめる人が増えました。

不動産投資の裾野が広がったのは良いことですが、その一方で、**失敗する人が比例して増加している**のも事実です。

とくに2018年は、新築シェアハウス「かぼちゃの馬車」破たんに端を発した不正な銀行融資など、不動産投資のネガティブな部分が噴出した印象があります。

失敗投資は都内だけではありません。融資が受けやすい市況ということもあり、全国中の不動産が売買されました。その結果、買うべきでない物件を買ってしまったサラリーマン投資家が激増しています。

心当たりのある方は、次の「負け組チェックシート」をもとに、ご自身の状況を把握していただければと思います。

「負け組」チェックシート

- □ 買う前に物件を見ていない
- □ 物件を買ってから1年以上見に行っていない
- □ 3カ月以上、空室のままで改善策を考えない
- □ 空室があっても、この地域はこの入居率が普通だからいいと思っている
- □ キャッシュフローが出るからと、空室があることに慣れている
- □ キャッシュフローがマイナスな人、税金払ったらマイナスの人
- □ 収支を把握していない人、数字を自分で理解していない人
- □ 家賃の入金を確認していない
- □ 管理会社からの収支報告書の封を開けない人、内容を精査していない人
- □ 物件の近隣家賃相場を知らない

いかがでしょうか。このチェックシートのうち、3つ以上当てはまる人は、不動産投資に失敗している可能性が高いです。

お気付きの方もいると思いますが、本当に失敗しているか否かは、物件そのものよりも、その投資家の**意識やマインド**、**取り組み方**が重要なのです。

そもそも失敗の不動産投資とは

まず、不動産投資における「失敗」とはどんな状況を指すのでしょうか？

人によって定義は若干異なりますが、「**持ち出し金額が大きすぎて、ローン返済が不可能になる**」のは誰もが認める失敗でしょう。キャッシュフローがマイナスであっても失敗とは限りませんが、返済ができず、物件の所有を維持できなくなれば当然、失敗となります。

また、現時点ではそこまで痛みを感じなくても、そのままの状態でいたら致命傷になるパターンも失敗といえます。

たとえば、「入居者がつかないのに、3カ月以上放置している」というケースです。これはいわば、血を流し続けている状態です。そのままでいたら死に至る可能性もあります。

さらに、「この地域の入居率はこれくらいだから、今のままでも大丈夫」と楽観視するのも失敗の原因の一つになると私は考えます。入居率80％でもキャッシュフローが出ているから大丈夫と考えるのか。それとも、しっかり満室で経営していくべきか。両方を比べたときに空室を放置し続けるのは、やはり健全とはいえません。

また、キャッシュフローがマイナスになってしまっているケースでも、それを**自覚していない人**がいます。たとえば表面上は黒字であっても、税金を払ったらマイナスになるような場合です。**収支の計算ができていない**意味で典型的な失敗例です。

それ以前の問題として、家賃はいくら入ってくるのか認識しているものの、支出がどれくらいかかるのかは知らない初歩的な知識不足の人もいます。

そうした人は自分の物件に関心がないのでしょう。すべてを管理会社に任せきりで、収支の詳細を把握できていないからです。

実際、そうした意識の低いオーナーに対して、管理会社も不誠実になりがちです。そもそも一般的な管理会社主導のリフォームは割高で、不必要なリフォームを行ったりするケース、もしくは賃貸ニーズに合わないリフォームを行うケースもあります。

そのなかで、とくに悪質ともいえるのは**リフォームの架空請求**です。とくにオーナーが遠方に住んでおり、ほとんど物件に訪れない……そんな場合に、してもいないリフォームの請求をしてくる業者も珍しくありません。

抜き打ちで物件に足を運んだら、ちゃんとリフォーム代を支払ったはずなのに、何もされていなかったケースが散見されています。

しかし、それを指摘しても、業者は「○○号室と間違えました」と平気で言い訳をします。しかもその業者が地元で力を持っていると、こちらから強く言うことができないケースもあるようです。

他にも、月々のゴミ処理費を管理会社へ支払っていたにもかかわらず、物件に出向いてみると集積所のゴミがあふれて散らかっていた話も聞きます。

すべての管理会社がこのように悪質とは限りませんが、任せっぱなしにした結果、適切なメンテナンスがされておらず、必要なリフォームも行われていなかったトラブルが起きているのです。

不動産投資をはじめてみたものの……

第1章の最後にも触れましたが、ここ数年不動産投資の失敗談を耳にする機会が増えました。典型的なのは、不動産業者に言われるがまま物件を購入した人たちです。営業マン個人の人柄はとてもよく、話もしやすく信頼ができる。でも、紹介してもらう物件はまったく儲からないケースは珍しくありません。

これは営業マンに知識がなく、自分が粗悪な物件を売っていることすら自覚していないパターンが見受けられます。「自分のお金を使わずに買えますよ」「銀行が認めてくれた物件ですから、それを信用しましょうよ」などと熱意をもって説明しているのですが、おそらく営業マン本人は悪気がないと推測します。

しかし、その会社の経営者や上司は実態を把握したうえで、新入社員の営業マンに指導を行っているわけです。とくに新築ワンルームを扱っている業者はその傾向が強いように感じます。

ファイナンシャルプランナーから「サラリーマンにはどれだけの老後資金が必要か」を学び、主に税金面や年金問題などを切り口に、説得力がある口調でサラリーマンだけでなく、医師や公務員、中小企業の経営者を中心に営業をしています。結局のところ、当の営業マンたちは不動産や不動産投資のプロではなく、あくまで「不動産を売ること」のプロなわけです。

もちろん、不動産業者のすべてが詐欺まがいの行いをしているわけではありません。しかし、巧妙な営業トークに翻弄され、儲からない物件をつかまされた人たちも多いのが実情です。そして、さらに専門用語でいう「正常性バイアス」（集団心理）自分だけは大丈夫だろうと考える心理がかかってしまった非常に問題のある状況です。

運営会社が破たんして大問題となった新築シェアハウス「かぼちゃの馬車」の物件を購入した人でも、管理会社を自分できちんと選ぶだけで結果は大きく変わったと思います。他者に依存して思考停止になってしまったが故に、あのような被害が拡大してしまったのではないでしょうか。

「かぼちゃの馬車」のオーナーに対して、「改善する」という名目で近寄る悪徳業者も問題になっています。高額な物件を買えるだけの属性がある人ですから、さらに絞り取ることができるだろうと企んでいるのです。

問題なのは投資家側が問題を自分事として認識していないことです。ひと言でいえば、当事者意識が希薄なのです。これは「自分だけは大丈夫……」という根拠のない自信、心理なのでしょう。

そうした失敗をしてしまう人たちは、そもそも**不動産業がどのようなビジネスなのかを十分理解しないまま物件を買ってしまった**のだと思います。その物件に入居者は集まるのか。集まらなかった場合、どういうリスクが想定されるのかを考えていないのです。

その状態ですべてを業者の責任にするのは、私は少し違うのではないかと感じています。私は不動産投資は事業であると認識していますが、多くの投資家から、その視点が抜け落ちてしまっているようにも感じます。

「かぼちゃの馬車」のシェアハウスについて言えば、大前提として商品の設計が甘かったと思います。とはいえ、「あたかも儲かりそうに見せることができた」という意味で、プレゼン能力が高かったのです。そして、その営業スタイルにスルガ銀行が深くかかわったことで被害が拡大したわけです。

地方の大規模物件での失敗

最近では、都会のサラリーマン投資家が購入した**地方の大規模物件**に問題が起きています。

入居付けがうまくいって高稼働できればいいのですが、高金利で低利回りの物件を買っているのでキャッシュフローが少なく、修繕のことも考えると、今後さらに問題が深刻化する可能性が考えられます。

たとえば、表面利回り10％で、毎月30万円程度のキャッシュフローが出ることになっていますが、それはあくまで満室想定です。地方の大規模物件は世帯数も多いですから、満室にするのは簡単ではありません。

また、都会に比べて家賃の価格帯も低いものです。

何十戸もある狭小ワンルームの家賃が、2万円どころか1万円台ということもあります。かといって延床面積の広いファミリータイプともなれば、リフォーム費用が高額となり、そうしたキャッシュアウトに自己資金が追いつかない問題もあります。

ファミリータイプの物件で空室が続いてしまった場合、資金不足で原状回復工事をすることすらままならず、入居募集が行えないという笑えない話もあるほどです。

いわゆる高積算（土地値＋建物評価の高い）物件は、ＲＣ造など大規模物件が多く広い敷地を持つため、共有部の管理コスト、さらに税金がかかります。

自分が近くに住んでいるのであればいいかもしれませんが、遠隔で管理を依頼することになると想定以上にコストと手間がかかるので、最初に計算した数値ではとても運営できない現実がわかってきます。

購入時点で、**当初の利回りのまま運営できると考えるのは早計**です。あくまで、商品としての価値を出すには満室にする必要があり、そのためには管理状態を良くしなければなりません。

そうした条件がクリアできることを事前に確信したうえで購入するならいいのですが、意外にも多くの人が十分に試算しないまま商品化できない物件を買ってしまうのです。

表面利回りが10％程度であっても運営に苦しんでいるサラリーマン投資家はたくさんいます。それが表面利回り８％ほどなのに、金利が４・５％であれば、運営は本当に苦しくなっていきます。

なぜ失敗物件を買ってしまうのか

どうしてそのような物件を買ってしまったのか。

これは強引に営業をした不動産会社をはじめ、銀行の不正融資の責任も問われていますが、投資家のほうも間違いなく把握していたはずです。

本来であれば頭金を用意しなくては購入できない物件を、1円も自己資金を出さずに購入できるのですから、なんらかの不正を働いていたことは薄々でも気づいていたと思うのです。

不動産投資は本来お金のかかる投資です。

序章の最後で述べましたが、いくらフルローンが出たとしても、自己資金は必要ですし、購入後の運転資金や設備資金など、ある程度の現金がなければ立ち行きません。それを全額借りたうえで、リスクなしで儲かるなんて、そんな美味しい話は「あるわけない」と疑う方が正しい感覚だと思います。

いずれにせよ、そうした闇の部分を知っていながら買ってしまった投資家にも一定の責任はあるでしょう。

また、なぜこの問題が止められなかったのかといえば、投資家の「**買いたい病**」が大きかったのではないかと推測します。


物件を購入するにあたって、最初は誰もが高い理想を抱くものです。しかし理想的な物件は滅多に現れませんし、出たとしても他の買い手に持っていかれてしまいます。その繰り返しが続き、1年、2年と経ていくと、「買いたい」という気持ちが増大します。

そんなとき、有名投資家や不動産投資コンサルタントが「とりあえず買ってみてはじめることが大切です」など無責任なことを言うわけです。

その言葉を真に受けた（物件探しに注力もせず、ラクして稼ぎたいと思っている）人たちは、「とりあえず」という気持ちで物件を買ってしまい、うまくいかない結果となります。


「かぼちゃの馬車」のシェアハウスやスルガスキームで買った人の大半は、無料セミナーに行って誤った知識を刷り込まれて買ってしまったわけですが、なかには不動産投資本を100冊以上も読んでいる勉強熱心な人もいます。

ではなぜ、そのような人たちでさえ同じ被害を受けてしまったのかというと、やはり知識を積めば積むほど理想が高くなっていき、それに反して物件を手に入れることができず、フラストレーションを溜めていたからではないでしょうか。

いわゆる著名投資家の書籍に書かれている情報は、「その投資家だから」「その時期に買ったから」というものがほとんどです。

私自身が投資家であり物件を購入し続けているからこそ断言できますが、5年前にできた投資を今行うことはできません。今は一周まわって10年前と同じ市況という人もいますが、それでも10年前と今では異なるわけです。

有名投資家が10年前に買って儲けられた物件……これと似ている物件があったけれども、今の状況では地雷物件になってしまうケースもあります。

★埋まらない空室、下がり続ける家賃

昨今は人口減少、少子高齢化の問題がたびたびメディアで取り上げられ、それと同時に**物件の供給過剰**、**空室率の上昇**も話題になっています。

たしかに物件が有り余っている時代であり、今後もその勢いは加速するでしょう。すでに空室を埋められないで苦労している大家さんはたくさんいます。満室にできない物件に共通するのは、まずは**エリア的な問題**です。物件が過剰に供給されている状況、つまり競合物件がひしめいていると満室にするのは難しいといえます。

また供給過多だと、客付業者が動かないという問題も発生します。かつて家賃は上昇傾向にありましたが、今は何も対策を講じなければ下がることが基本です。

ほったらかしで客の付きにくい物件に対して、業者も労力を使ってわざわざ埋めようとはせず、彼らもまたほったらかしにするだけです。

そもそも、家賃が低い物件ほど儲けが薄く、かつ入居者属性が低くなりトラブルが起こる可能性が高くなります。管理会社の規模を超えて物件が増えすぎると、社員一人あたりの仕事量が増します。

今はＩＴ技術も発達しているので、一人１００戸以上担当することも不可能ではありませんが、トラブルが多い物件を抱えていると、そこで時間と労力が奪われるため数をこなせません。

そのため管理会社は家賃が高い物件から埋めていこうとします。家賃の高い物件とは、新築の物件を除けば、客付けできるパワーのある物件ということです。そして魅力のない家賃の低い物件は空室のまま放置され続けるのです。

さらに恐ろしいのは、地方に乱立する大手メーカーのアパートです。サブリースで一括借上げの契約を結んでいるため、家賃が一律なわけですが、もしまとめて値下りするとなれば、周囲の物件も家賃を下げざるを得ない状況になります。そのようにして周辺相場が下がってしまった事例は全国にあります。

ただし、周囲に大手アパートメーカーの物件が建ち並ぶエリアでも、私の物件のようにしっかりと**差別化をすれば負けません**。

千葉県一宮町の実例ですが、新築をサーファー向けにプランニングしたケースがあります。

1階＋2階のメゾネット形式で、20畳以上のリビングにくわえて、広々としたロフト付、外シャワー、玄関ホールは濡れても大丈夫なように床はタイル貼りで、サーフボードラック、ウエットスーツハンガーを備えています。ウッドデッキやバルコニーには水栓・ガス栓があります。入口付近には外シャワーがあるため、海から上がって家に入る前にシャワーを浴びて砂を落とすこともできます。

こうしたコンセプト型の高級物件は、ある程度の都会ならともかく地方では苦戦するといわれています。

しかし、それもエリアによって事情は異なります。都内から来る人が多い場所もあるので、特別なニーズを読めれば十分投資に値するのです。

そのためには自分の投資するエリアに対しての深い理解が必要です。くわしくは後述しますが、しっかりと調査をする必要があるのです。

千葉県一宮町の事例

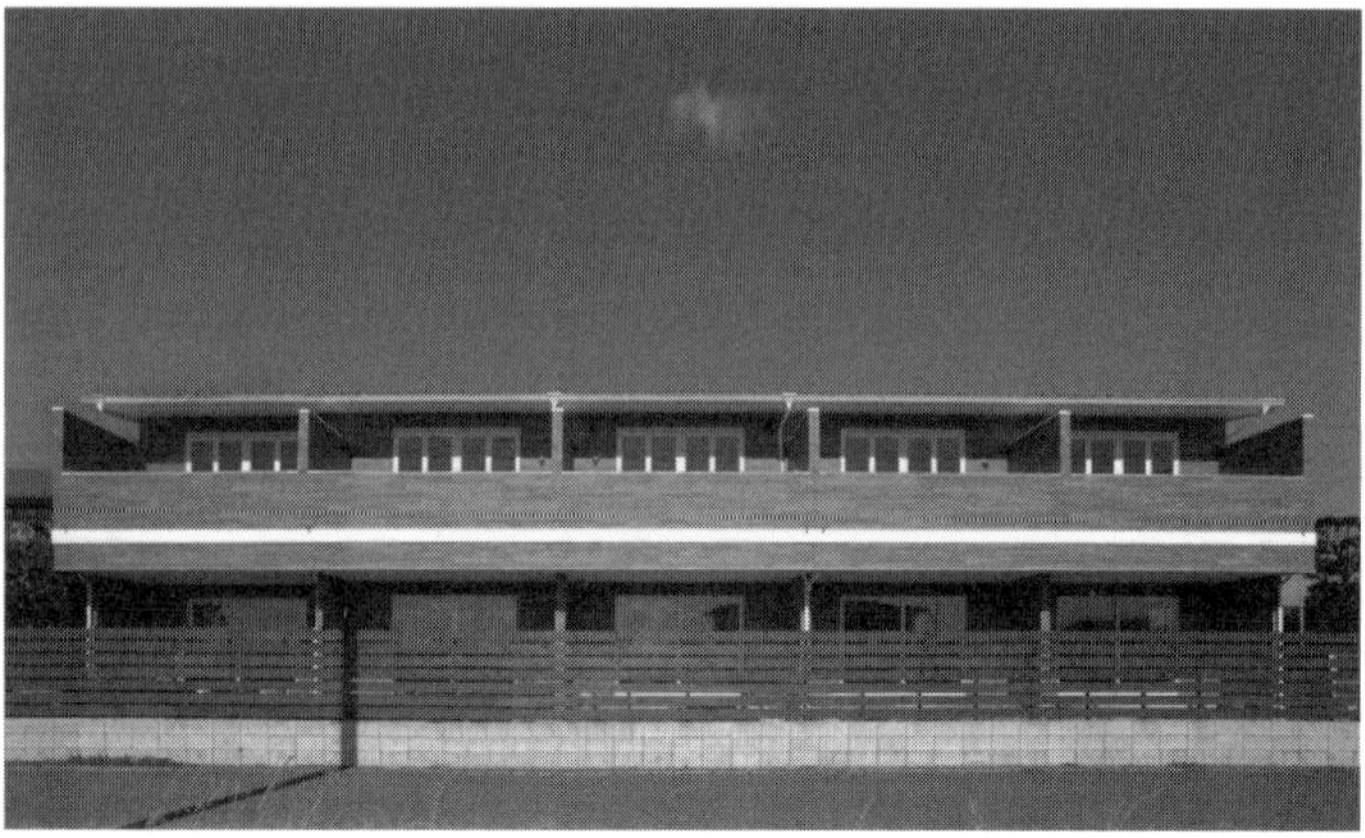

賃　料	￥128,000
管理費	3,000円（共益費）
駐車料金	1台3,000円／月
築年数	2018年3月
間取り	2SLDK（ロフト）3SLDK（ロフト） 満室賃貸中!!

本書で紹介した事例のカラー写真を差し上げます。

なぜ、あなたの物件は入居者に選ばれないのか？

入居者に選ばれない理由は、端的に言えば「ニーズを満たす商品ではないから」です。入居者は物件を選ぶとき、「**価格**」や「**立地**」「**物件のスペック**」を考慮しながら判断をします。

まずは「価格」です。「立地」「物件のスペック」に比べて、どちらかといえば「価格」のほうが決定的な判断材料になりやすいですが、「値段のわりに得だ」という印象を与えられたら、高額な家賃でも入居者は決められます。

もちろん、まったくニーズがなく入居が決まらない……なかにはそのようなエリアもありますが、不動産はオンリーワンですから、強みを生かした経営ができれば空室には困らないはずです。築年数に関係なく「不況知らずの満室アパート」や「順番待ちの人気物件」があるのも事実なのです。

入居者が価格の次に重視するのは「立地」です。駅やスーパー、コンビニから近いか、ファミリーであれば学区はどこか、地方や郊外であれば駐車場の有無などがあげられます。

駐車場に関しては、世帯数分の数はあるのか、ファミリー向けであれば2台停められるのかも大事です。

物件によってはスペースが狭く区画されていることもあり、大きな車を入れようとするとぶつけてしまう問題も出ています。本来であれば普通車の場合、2メートル50センチの幅がなければならないのに、2メートルしかないケースがあるのです。

最初に配置図を見た瞬間、問題なく車庫入れできるように思うものです。しかし、いざ現場に足を運んでみると、これでは入らないことに気づくのです。

特に地方の物件において、駐車場が十分な広さなのか、台数は確保できているか、敷地内につくれるのかという問題が非常に大きなポイントとなります。

地方物件の例だと、国道沿いの物件は積算が取れるものの、騒音の問題で意外に人気がないケースもあります。ただ、二重サッシにするなど、工夫をしていれば埋めることはできるでしょう。

いずれにせよ、そうした問題に気づけないのは「**現場に足を運んでいないから**」、そして「**なぜ空室があるのかを十分にヒアリングしていないから**」です。

とくに後者は重要で、管理会社に任せきりにしていると、何が原因で空室になっているのかわからないままになってしまい、対策が立てられません。

現場に足を運ぶことはもちろん大切ですが、直接見ただけではわからないこともたくさんあります。立地的な問題なのか、それとも管理状態が悪いからなのかは、客付業者にヒアリングしなければなりません。

そのうえで改善できるのであればいいですし、できなければ投資対象から外します。なかには、対象物件に泊まり込む大家さんもいます。そうすることで、騒音や周りの入居者など、何かしら原因を特定できる可能性が上がるからです。

ヒアリングについての説明は75ページでくわしく行います。

管理会社に言われるがままリフォームして赤字

不動産投資の代表的な失敗例として、「リフォーム費用で赤字になってしまう」というものがあります。

不動産投資では、大半の大家さんは本業があるので、管理会社に管理業務を委託しています。何か問題があれば管理会社から連絡が来て、そこから発注に移ります。

しかし管理会社が提案するリフォームは、**割高になっている**ことがよくあります。ある程度の経験を積んだ大家さんなら、管理会社に自分で発注していいか聞くものですが、そうしたことができることを知らなかったり、あるいは地方だと選択肢がないので、多少高くても地元で頼まないといけなかったりするケースもあります。

管理会社の提案してくるリフォームが割高なのは、リフォーム会社と大家さんをつなぐための手配料としてマージンが発生しているからです。これは不当利益ではなく、ビジネス上では当たり前の利益といえます。

また、よくあるのが**過剰なリフォーム**です。「あれもやりましょう。これもやりましょう」

と次々と提案をされてリフォームをしたものの、空室は埋まらない。よくよく調べてみたら物件に問題があったのではなく、十分に周知ができていなかっただけだった……こうしたケースもあります。

ここで考えてほしいのは、「管理会社はどのように儲けているのか」ということです。もちろん管理業務が主体となるわけですが、売買の仲介手数料と比較すると、1件あたりの単価は微々たるものです。

そこで、保険の代行業務をしたり、リフォーム発注でマージンをとったりと、さまざまなところから少しずつお金を稼ごうとしているわけです。特にリフォーム費は、管理費と比べると高額になりやすいので、管理会社としても力が入るわけです。

そうした観点でいえば管理会社にとって、末永く満室稼働するよりは、入退去の頻度が増えるほど儲かります。それは仲介手数料や広告費、その他の代理店として手数料を稼げるからです。

このようにサラリーマン投資家から見た利益と、管理会社から見た利益は相反する部分があり、管理会社が儲かるような状況は、サラリーマン投資家からすれば儲かりません。

ですから管理会社の言われるままに発注をすると、必要のないリフォームが含まれていることもあります。もしくは原状回復工事であれば清掃だけで済むところを、毎回クロスを張り替えられたり、まだキレイなのにウォシュレットを毎回交換されたりします。

普通であれば、リフォーム前後の写真を送付するのは当たり前のことだと思うのですが、管理会社によってはそうした報告を怠るケースもあります。いずれにせよ、不動産業界は外から見ただけではわからないことも多く、**何事も疑ってかかったほうが良い**でしょう。

管理会社の選び方としては「自分でリフォーム工事を発注していいですか？」と質問してみてください。「それはできません」という答えが返ってきたら、その管理会社は不誠実である可能性が高いです。

普通の管理会社は、物件のクオリティが良くなれば入居が決まりやすくなるためリフォーム工事を歓迎しますが、そうでないということは何らかの裏事情があると考えられます。

想定外の大規模修繕に資金繰りが悪化

管理運営面における代表的な高額コストといえば、「給水・排水トラブル」「雨漏り」「傾き」と「シロアリ」もあります。

・給水・排水トラブル
・雨漏り
・傾き
・シロアリ

「給水・排水トラブル」は古い物件で起こりがちです。

購入した当初は問題がなかったが、1年ほど経ってからトラブルが起こるケース。もしくは長らく空室が続いていた物件でも起こるケースがあります。給水管の修繕でコストが大きくなりがちなのは、配管が地中に埋まっているパターンです。

また、給水管が躯体のなかに埋め込まれていて、そこからの水漏れもあります。要するに「見えないところにある配管で水漏れが起きたりすると、コストが大きくかさむ」ということです。

雨漏りに関しては、ボロ物件だと瑕疵担保免責で買うことも多いと思いますが、購入後に発見されるケースもあります。

雨漏りは、木造よりもRC造や重量鉄骨造のほうが警戒すべきだと考えます。たとえば、3階建なのに1階から水が出てくるなど原因がわからない場合があります。そうなると、一つずつ調べていかないといけないので、結果的に多額のお金がかかります。

傾きについては、状況により床のレベル調整で修繕することが可能です。そこまでひどく感じない傾きであっても、入居者によってはクレームになる部分でもあるので、入居前に対処しておきましょう。

ただし、給排水トラブルを含め、ほとんどのトラブルは実は**火災保険でカバーできる**可能性が高いものです（シロアリは対象外です）。

日本はご存じのとおり地震大国ですが、最近は台風やゲリア豪雨などの災害も増えています。火災保険は火災だけでなく、災害リスクにも対応しています。

給排水については原因となった部分に保険はききませんが、給排水トラブルで被害を受けた部分、たとえば水漏れによる影響で部屋が傷ついた、あるいは共有部が水浸しになったということであれば、その分だけ火災保険がおりる場合もあります（あくまで一つの例で、すべてに当てはまるものではありません）。

フルローン、オーバーローンなどで一棟物件を購入し、毎月のキャッシュフローを全額貯めていたとしても、たとえば半年目に大きな修繕が発生したら、全くお金が足りない状況になりかねません。

実際、私がかつて競売で買ったＲＣ造マンションは地盤沈下がひどく、排水が逆勾配で水が流れなくなったため、アスファルトをはがして工事を行ったことがあります。こうしたインフラの不具合については生活に直結しているため、すぐに修繕しなくていけません。

緊急性の高い工事ともなれば、値段を安くするよりは、いかに早く手配をするかが大事です。このような急な出費は常にありえると考えておくべきです。しかし、そうしたリスクを考慮している人はかなり少数だと思います。

中古物件の場合、おおよそ築20年を過ぎたら雨漏り、給排水、シロアリのリスクは予定しておくべきです。ただ現実には築10年でも雨漏りしたり、シロアリが出たり、勾配が変わってしまう物件もありますので油断は禁物です。

また、長期視点で見たとき、大規模修繕など出費がかさむことを予測し、キャッシュフローを貯めていかなければなりません。そもそも不動産投資の基本として、「**キャッシュフローは**収入ではなく、**再投資の原資である**」ということを理解しておく必要があります。

いずれにせよ、高稼働で運営ができていれば、こうした建物のメンテナンスにある程度の資金を投資してもキャッシュフローは貯まっていきます。

むしろ、それを次の物件の購入資金に充てることで、資産はどんどん拡大します。

再投資の考え方は「複利」と呼ばれ、加速度的にお金が増えていきます。複利では、毎年利子を元金に繰入れていきます。

たとえば「元金1000万円」「利回り15％」の場合、1年目の利子は1000万円×0・15＝150万円です。元金がそのままでも利子との合計額は1150万円となり2年目の利子は1150万円×0・15＝172・5万円というイメージです。

このように1000万円を年利15％で運用して、利息をすべて再投資し、また年利15％で運用する場合（複利）、30年後には約6億6211万円になります。

不動産投資は付加価値をつけたうえでの高稼働が必須

本章では、いろいろな失敗事例とその原因を紹介してきましたが、結局のところ、不動産投資では**物件の価値を最大化して高稼働で運営する**ことが欠かせません。

いくら高利回りの物件を買っても、想定どおりに埋まらなければ、試算したとおりの結果は残せないのです。

したがって、第一段階として物件をきちんと管理し、入居者を迎える準備を行い、そのうえで付加価値をつけることが大切です。また、地域に合ったリフォームと適切な価格設定を行えば、当初の利回りを上回ることも十分可能となります。

ポイントは、リフォームに遮二無二お金をかければいいわけではないということです。

たとえば、モニター付きインターフォンも少額でつけることができてお勧めですが、アクセントクロスは選び方を間違えると、かえって部屋のイメージを損ねてしまいます。

不動産は個別的要素が強く、地域性もあるので、一概に正解があるわけではありません。

そのエリアでは当たり前のように普及していても、隣町ではまったく普及していないものがあるかもしれないのです。

事例をあげれば、シングルタイプの狭小物件には家具・家電付きの部屋に訴求力があるといわれています。しかし、もしも近隣のライバル物件すべて家具・家電付きだったらどうなるでしょうか。

ただ周りがそうしているからといって、まねをすれば満室になるかというと、そんなこともないのです。設備をバリューアップするよりも、シンプルに家賃を下げたほうが良いケースもあります。

マックス家賃×0・8を狙え！

多くの場合、地域ごとに「マックス家賃」があるものです。マックス家賃とは、そのエリアでもっとも高く設定できる家賃のことを指します。

そもそも費用をかければ無限大に家賃が伸びるわけではありません。このマックス家賃を上回る計画は、ただの自己満足になってしまいます。

つまり一番大切なのは、物件周辺の不動産業者へのヒアリングを行い相場を把握し、地域の特性を生かし物件を作り上げていくということなのです。

家賃を上げて高稼働させる……それを実現させるためには、どんな要素が必要なのか。まずはその家賃に対してどうすべきかを考え、そのうえでライバル物件との差別化を図ります。管理会社や客付会社、不動産会社にヒアリングを行い、どの戦略を選ぶかを決める必要があるのです。

千葉県千葉市中央区にある木造アパートの事例で説明しましょう。

すでに築年数が法定耐用年数を超えている物件です。まずは周辺の賃貸業者へ「賃貸物件としていくらで貸すことができるのか?」とヒアリングしたところ、現況での募集は難しく、たとえ原状回復しても、賃料は3万円から3万5000円がいいところではないかという返答でした。

そこで同じような立地条件と広さで、最も高い家賃はいくらなのかを問えば、6万円という返答でした。つまり、6万円がこの物件のマックス家賃ということです。

ただしマックス家賃というものは、新築物件や分譲マンションなど高スペック物件が多いので、ある程度の築年数が経ったアパートは、あえてマックス家賃×0・8%と控えめに計算します。この事例でいえば4万8000円です。

ようは物件の相場賃料から1万3000円~1万8000円も高い家賃を目指すのですが、そのためには、ただのリフォームでなく、予算をある程度つかって、しっかりと**手をかけたリノベーションをする**ことが前提となります。

この物件では「木の温もりを活かした清潔感と高級感のある女性にも好まれる部屋」というコンセプトで部屋をつくりました。

実際に、壁や床はもちろん、古びた和室を洋室にし、建具から設備まで一新しました。

その結果、想定通り4万8000円の家賃が得られるようになりました。

なお、リノベーションコストは150万円でしたので、リフォーム利回りは19・4%です（リフォーム利回りの説明は、93ページをご覧ください）。

リノベーションの際には、そのプランニング、建築業者や工務店の選び方にもよりますが、この条件を満たすことができれば、まず間違いなく高稼働・高利回りを生み出すことが可能になります。

千葉県千葉市中央区の物件

本書で紹介した事例のカラー写真を差し上げます。

After

Before

Before

column 1

大工職人インタビュー

菊地 隼(きくち　じゅん)

プロフィール

東京生まれ下町育ち。高校卒業後、海が大好きで千葉へ移住。16歳の時に出会った師匠、多くの大先輩のもとサーフィン＆大工＆人生を学ぶ。「小学生のとき実家を増築してくれた大工さんを見て自然とこの職業を歩んできました。モノづくりは天職と思っています」

ハタチから大工一筋20年、モノ作りは天職です

——どのような仕事をされていますか？

菊地「主に解体工事や、その後の壁や床を作る工事、木造の建物を建てる工事や木を使う工事は基本全部やります。その他の物でも正確に切って取り付けることができます」

——大工職人から見た効果的なリフォームはどのようなものでしょうか？

菊地「やはり賃貸物件ということを考えると、**『間取りの変更』**や、バス・トイレが一緒になった部屋を**『バス・トイレ別にする工事』**ですね。この2点に関していえば、家賃を伸ばすことができるので効果的な工事だと思いますよ。逆にいうと、今は部屋をキレイにしただけでは家賃は伸びないと聞いています」

——工事の際の注意点などはありますか？

菊地「中古の物件は必ずと言っていいほど反りやよじれ、傾きが多少なりとも出ています。そのなかで、まっすぐな新しいものを取り付けていくので、簡単そうに見えて実はそこには技術が必要です。曲がっているところにまっすぐなものを取り付けても、すき間ができてしまいますよね。だから、その建物に合った形に加工して取り付ける必要があります。これは、まるでその建物の呼吸を感じ取りながら寄り添っていくような感覚です。まずはリフォームをする建物を良く知り、好きになる必要があります。まるで恋愛のようですね（笑）」

――その他に気をつけていることは？

菊地「ホームセンターなどで売っている木材は、同じ金額でも良いものと悪いものがあります。実際に目で見て買うことができるホームセンターでは必ず部材の割れや反り、腐食や変色が無いかを確認して購入するようにしています」

――コストを下げるコツや工事をスピーディに行うためのコツはありますか？

菊地「工事は**段取りが命**です。段取りをよくやれば通常の2倍も3倍も効率が良くなります。たとえば、建材の石膏ボードは、きちんと現場で寸法を測って3×6がいいのか、3×8がいいのか、またはその半分のサイズが良いのか、それを理解したうえで部材を購入すれば、何度も切って、貼ってという手間がかからなくなります。このように寸法に合ったものを買えば、施工の手間も部材費も半分以下になります」

――最後に読者の皆さんへのメッセージをお願いします

菊地「物件にはその建物ごとにいろいろな表情があります。その表情を理解し、最適な加工をしてあげて世に送り出すのが私の仕事だと思っています。決してその建物が恥をかくことがないように誠心誠意仕事に向かっていきたいと思っておりますので、どうぞよろしくお願いいいたします」

第2章

もっとも大切なのは「高稼働」させること

必要なのは3つの運用スキル

不動産投資に関する書籍やインターネットの記事では、「どれだけ安く買うかが大事」と盛んにいわれています。確かにそれが一番大事ですが、本来は物件のポテンシャルを最大限に生かした時の価格が安いのかどうかです。

購入した物件を**いかに高稼働で運営できるか**が肝になります。当たり前の話ですが、いくら割安で購入できたとしても、空室ばかりだったら当初に予定していた資金計画は実現できないからです。

高稼働で運営するためには、3つのスキルが必要です。

以下、くわしく見ていきましょう。

①物件の商品化

購入検討している物件がエリア・建材・間取りなどの面から、**市場で勝負できるか**を判断します。強みや弱みを把握できれば、それを考慮したリフォームも考えられます。もし商品として力がないのであれば、購入を控えるか改善できるのかを判断します。

とはいえ、中古のオーナーチェンジ物件では、室内の状況がわからないため対策の打ちようがないと思った人もいるでしょう。

しかし、たとえば10室中3室が空室だったとしたら、そこには何らかの理由があるはずです。単純にタイミングの問題かもしれませんが、少なくとも意識はしておくべきです。また、満室経営できていたとしても、それが果たして最高のパフォーマンスを発揮できているかは、十分に検討する必要があるでしょう。たとえば、実はかなり安価で入居している人がいる可能性も考えられます。

物件選定で最初に行うのは、「**市場調査**」（**ヒアリング**）です。

近隣の物件がどれくらいの家賃設定なのか、どんな設備を備えているのか、外観の見栄えはどんな感じかなどをチェックします。前述したマックス家賃についてもしっかり聞いておきましょう。

不動産情報サイト「SUUMO」や「アットホーム」を見れば、インターネット上で情報を調べられます。それでも足りなければ、情報サイトに載っている賃貸の客付業者に質問をして回答をもらいます。

また、よく賃貸住宅新聞などでは人気設備について取り上げられていますが、そこから最新情報を得るのも良いでしょう。

最近は、無料Ｗｉ－Ｆｉやオートロック、宅配ボックスや監視カメラも設備として珍しくなくなりましたが、そのエリアの物件で本当に必要なのかは十分考える必要があります。たとえば、無料Ｗｉ－Ｆｉもインターネットをよく使うような層（学生、ファミリーなど）には好まれますが、低家賃帯の物件ではそこまで反応が良くないですし、宅配ボックスもファミリー層よりは単身世帯に喜ばれる傾向があります。ですから、「これは設備として当たり前だ」という先入観を捨てて、まっさらな気持ちで市場調査を行うことが大切です。

市場調査を行ったあとは、商品化するためにリフォームを行います。くわしくは後述します。

②客付け

ニーズを把握し、実際にリフォームをして商品化ができたら、次は「**客付け**」です。

まず客付けにおいて、**家賃設定**はとても重要です。物件の価値を上げて、家賃もしっかりいただくのが私のやり方です。その際には適正な家賃を見極める必要があります。リフォームの際にヒアリングを慎重に行い、部屋の準備をして家賃を決めたら、物件をなるべく多くの入居希望者に見てもらいましょう。

客付けのために「家賃を下げましょう」と安易な提案しかできない管理会社も多いものです。最善は尽くしたもののどうしても埋まらず、そこで初めて賃料を下げるのであればまだしも、安易に家賃を下げるのは反対です。

続いて、入居条件については、できる限り**間口を広く**持ちます。

ここのところ、小型犬を飼う人が増えているため、**ペット可物件**のニーズは広がっているように感じます。駅近など利便性の高い物件であれば、ペット不可でも入居付けできますが、駅徒歩圏外の地域になると、「ペット飼育可」などで差別化するのが効果的です。

ペット可にすれば、他の物件よりも競争力を持ちます。自社の物件も同じ条件で募集をして運営しています。ただし1棟すべてが空室であれば、ペット可への切り替えは容易ですが、ペット不可物件を途中でペット可にする場合は、既存入居者に理解いただく必要があります。

また、ペット可にした場合、「部屋が傷むのでは……」と心配される方もいます。通常であれば敷金0のところ、ペット可物件の場合、入居時に家賃2カ月分を預かり、ペット規約を設けて契約することでリスクヘッジが可能です。私の経験から言えば、小型犬1匹くらいであれば建物への影響はそれほど大きくありません。

くわえて入居条件緩和のポイントとしては「**外国人**」「**高齢者**」「**生活保護受給者**」**の受け入れ**も検討します。いずれの場合も、まずは保証会社の審査を通るのが第一条件です。

外国人の入居については「マナーを守って暮らしてくれるのか」を重視します。保証会社に加入を必須にすることで、家賃滞納のリスクヘッジは可能です。

高齢者も年齢によって、保証会社の保証対象外となるケースがありますので、家族である息子や娘が代わりに賃貸契約できるか確認します。生活保護受給者に関しては、保証会社の審査が通れば、よほどコミュニケーションに問題がある人以外は受け入れています。

最後に効果的なテクニックとしては、**入居者の初期費用の負担をなるべく少なくする**ことです。まず敷金・礼金ともに0とします（ペット可の場合は敷金2カ月に設定）。そのうえで初回賃料1カ月分を無料にして訴求力を高めて、スピーディに入居付けしていくことを重視しています。

募集条件が決まったら、徹底的に周知させます。まずは「ライフルホームズ」「SUUMO」といった大手ポータルサイトに物件情報をしっかり掲載することが第一です。

一番大切なのは管理会社と連携で、物件の周知についても管理会社を通じて、近隣の客付け業者に周知をするのが大事です。管理会社を抜かして、オーナーが勝手な動きをするのは逆効果ですのでご注意ください。もし自分で動きたいのであれば、必ず管理会社に相談しましょう。

③いかに出さないか(テナントリテンション)

かつて敷金・礼金を取れる時代には、大家さんも管理会社も簡単に儲けられました。

しかし、今は違います。繁忙期を逃してしまえば、一度、退去があってから次の入居が決まるまで時間がかかるものです。

そこで、**既存入居者にいかに長く快適に住み続けてもらえるか**が肝となります。更新料を無くす、お中元、お歳暮、クリスマスなどのタイミングでプレゼントをするなど、入居者が喜ぶ取り組みをすることが大切です。

また、物件の周りをキレイな状態でキープしておくことも評価を得るための方法の一つです。ゴミ出しについては、地元の行政によって厳しさが異なります。なかには少しでも分別されていないゴミがあると、引き取ってくれないエリアもあるようです。

ただ、それをすべて管理会社に任せると費用がかかりますし、かといって放置しておくと荒れ放題になってしまいます。ある程度コストがかかることを考慮しておくか、最初から徹底することで防げる可能性もあります。

「割れ窓理論（ブロークンウインドウ理論）」をご存知でしょうか。

窓ガラスを割れたままに放置した場合、その建物は十分に管理されていないと思われ、他の窓も割られやすくなり、環境が悪化し、やがて凶悪な犯罪が多発するようになる犯罪理論です。つまり、犯罪の目を摘むには、最初に割れた窓をふさぐ必要があるのです。

これを物件に置き換えると、常にキレイに清掃して、しっかり管理しておくことが大切です。少しでも問題が起こったら、お金をかけてでも解決しましょう。

また、**入居者からのリクエストには基本的にすぐに応える**こともポイントです。すべてのことを叶えてあげる必要はないと思いますが、コストが小さいものであれば、対応してあげたほうが長期的に見て自分のためになるはずです。

たとえば、リモコンの電池がないという要望があったとして、それは大家さんの管轄ではないですし、普通なら自分で買えばよい話ですが、そこをあえて交換してあげることで親切な人だと好感を抱かれます。

網戸にしても、業者が交換すれば1万円以上かかるかもしれませんが、退去されてから空室が続き、さらに広告費もかかると考えると、実は安く済むともいえるのです。

同じように「トイレから水がちょっと出ている」「窓の締まりが悪い」「エアコンの効きが悪い」などのリクエストも、些細なことではありますが、対応してあげるだけで長く住んでもらえる可能性が高まります。

ストレスを抱えながら黙って退去されるよりも、要望を言ってくれる人のほうがありがたい存在だと思うべきでしょう。むしろ入居者の「**無言のクレーム**」には要注意です。


入居者の満足度を知るためには、アンケートを管理会社に依頼します。そこで入居者アンケートを実施してもらうことで、入居者の不満をヒアリングできますし、管理会社とコミュニケーションを取るきっかけになります。

入居者の要望をアンケートで把握することで、早めに対策ができてコストが抑えられることもあります。


たとえば、夏場にエアコンが壊れて交換するよりも、年度末などのタイミングのほうが安く買い換えられます。

また、それなりにコストが高い工事だと相見積りを取りたいところですが、緊急の場合はその時間的余裕がなく、高い値段で仕方なく行わなければならないこともあります。

仕組みをコントロールする

前述したように、自分がいくら一生懸命になっていても、管理会社の気持ちを考えない行動は慎まなければなりません。

管理会社はたくさんのオーナーを見ているので、月1回はコミュニケーションを取っておかないと、自分の存在を忘れられてしまいます。しかも、ただ電話して「いつもありがとうございます」というだけでは、なかなか覚えてもらえません。

また、管理会社によっては離職率が高く、担当者が短期間で何人も変わることがあります。そうした会社と付き合いをする場合、一担当者よりも店長と親交を深めたほうが良いのですが、ある一定の会社規模になれば、店長も転勤で移動するなど、人の入れ替わりがあります。

こうした管理会社対策について書かれた書籍もありますが、マニュアルどおりに動くことはあまり意味がないと思います。

私は本質的なところでは、管理会社もビジネスをしているわけですから、**自分だけでな**

く相手も儲けさせてあげる仕組みをつくることが何より重要だと考えています。

管理会社から信頼を得られれば、先方からいろいろ声をかけてくれるものです。その段階までいけば、最高の関係性だと思います。

不動産投資は自分一人の力で成功を勝ち取れるものではありません。周りの人に気持ちよく動いてもらう必要があります。

自分一人ですべてをコントロールしなければならないとなると、常に気を張っていなければならず、いつまで経っても時間的・精神的自由は得られません。だとすれば、「この人は絶対に裏切れない」と思ってくれる人を一人でも増やしたほうが、最終的に経営はラクになるものです。

大家さんを目指している人は属性が良く、これまで勉強も仕事もひと並み以上に成果を残してきた人が多く、ある意味「マニュアル」に従うことを何よりも優先しがちです。

たとえば、本に「管理会社には○曜日に電話したほうが良い」「差し入れとしてカップラーメンを持っていきましょう」と書かれていると、本当にそのとおりに行動してしまうのです。

もちろん、そうしたことが間違いというわけではないのですが、できるだけ自分の頭で考えて、その人に喜んでもらえるよう振舞ったほうが温かみが出て良いように思えます。

そして、自分ではなく管理会社に動いてもらうように考えることが大切です。**管理会社とのコミュニケーションをうまく構築する**ことができれば、その過程でいろいろアドバイスをもらうことができるはずです。管理会社としても、言った手前、やらないわけにはいきませんから、積極的に動いてくれます。

ただ、あくまで自主的に動いてもらうことが大切なので、「ああしてください！　こうしてください！」と指示を出すのはモチベーションを下げかねません。「あの大家さんはすごく良い人だ」というイメージを持ってもらえるよう、あまり前に出過ぎないのがポイントです。

column 2

電気工インタビュー

羽生 聡（はにう　あきら）

プロフィール

北海道生まれ、千葉育ち。陸上自衛隊に２年、フランス外人部隊に５年。ワーキングホリデーでニュージーランド、オーストラリアにそれぞれ１年滞在。その後は職人一筋15年。早く・正確に・収まりの良い仕事をすることがモットー。２種電気工事士・２級建築施工管理技士

入居者さんの使いやすさを考えて施工しています

――電気工事とは、どのような仕事内容でしょうか？

羽生「主に宅内の配線工事やスイッチ交換、照明の取り付け、エアコンの取り付け、アンテナ交換、配電盤の交換など、電気に関わる工事はすべて担当しております。ちなみに電気工事は資格を持たないでやってはいけない工事なので、注意が必要です！　実際に無資格で実施して火事になってしまったケースも耳にします」

――リフォームにおいて、効果的な電気工事とは？

羽生「スイッチプレートの交換は、安価で見栄えが良くなるので効果的ですね。リフォーム後は他がキレイになるので、スイッチプレート・コンセントの交換も一緒にやっておくと、部屋の印象がアップします。照明の交換は効果が目に見えて良いと思います。また、古いタイプのインターフォンであれば、TV付インターフォンへの交換はしておきましょう。セキュリティは入居者さんが気にするところですし、便利で見栄えも良いです」

――築古の物件では、施工の注意点はありますか？

羽生「古い家は、コンセントやスイッチが少なく使いづらいので、その家の動線を考えながら効率的な使い方を想定して増設しています。必要な位置に必要な数のコンセントがないと不便です。とくにＴＶジャックの場所には注意していますね」

――その他に注意点はありますか？

羽生「今は賃貸、実需（マイホーム）にかかわらず、**火災報知機**等は設置義務があります。新築住宅は２００６年から、既存住宅は市町村条例により定められた日から住宅用火災警報器を取り付けが必要です。自治体によっては変わる部分もあるため、消防法をキチンと理解しながら取り付けなくてはいけません」

――読者が自分でできるような簡単な電気工事はありますか？

羽生「照明については引っ掛けシーリングという天井付けのコンセントタイプのものなら、資格がない人も簡単に交換できるのでお勧めです。その物件の雰囲気を考えながら、照明を選べばとってもオシャレな物件に早変わりしますよ！」

――最後に読者の皆さんへメッセージをお願いします。

羽生「電気工事は施工でミスをしてしまうと、最悪火事になって人命を危険にさらすリスクもあります。その点を忘れずに確実で安全な工事を実施するということを一番に考えてもらえたら……。実際に使っていただける入居者さんの使いやすさにも気を配り、魅力的な物件を作れるように、日々ひたむきに一生懸命良い仕事をしていきたいと思っておりますので、よろしくお願いします！」

第3章

「商品化」する前に知っておくべきこと

安易に家賃を下げず、むしろ上げることを考える

築年数が古くても8割方埋まっている物件であれば、空室のみリフォームで人が住める状態にして、すぐに貸し出すやり方もあるでしょう。

これが入居がなかなかつかない築古物件の場合、考えられる対策として「家賃を下げる」ことです。コストもかからず、もっとも簡単にできます。デメリットとしては利回りが下がり、利益が減ります。

当初からの想定であれば一概に問題があるといえませんが、家賃の値下げを繰り返すうちに収支バランスが崩れて、経営が成り立たなくなったり、最終的に売りに出す際には利回り低下によって、物件としての価値を下げることになります。

売却についていえば、入居者が少ない状態での売却は、買主に不安をあおり値段を下げざるを得ない場合や、売るまでに長期間かかる可能性があります。戸建てをマイホームとして売る場合は別ですが、アパート・マンションといった収益物件の売却を想定するなら、空室はなければないほど、家賃は高ければ高いほど有利に運びます。

また、更地での売却は、解体費用や立ち退き料等にお金がかかるためお勧めできません。建て替えについても、現在の入居者の退去・解体費用・建築費用など安ければ良いですが、時間とお金がかかってしまうと、結局何のために不動産投資をしているのかがわからなくなってしまいます。

このように考えると、私は**リノベーションが、もっとも効果的ではないか**という結論に達しました。物件の立地や周辺環境にもよりますが、既存の物件を生かし再利用できるところは再利用し、そうでないところはほぼ新築同然にリノベーションしていきます。そこまでしても、新築の半額以下で施工ができるのです。

実際に、あえて築古の全空物件を安く購入して、徹底的にリノベーションを行って物件としての価値を上げる投資手法を行う投資家もいます。

今後少なくなっていく入居者を、増え続けている賃貸物件が奪い合うなかで、単に家賃を下げて最低ラインで勝負するよりも、競争力のある魅力的な物件づくりが今後の賃貸業界の宿命とも呼べる問題ではないでしょうか。

私は「ちょっとした気遣いで物件の価値は著しく向上する」と考えて、物件をリノベーションしています。

大切なのは「費用対効果」

リフォームには、「**原状回復**」といわれる必要最低限のリフォームと、物件そのものの価値を高める、「**バリューアップ**」のリフォーム（**リノベーション**）の2種類があります。

不動産を商品化するうえで大切なのは、できるだけコストパフォーマンスを意識することです。家賃に反映しないのに多額のリフォームコストをかけてはいけません。

バリューアップにしても、ポイントを押さえた低コストリフォームと、設備交換や間取り変更を伴う大がかりなリフォームがあります。いずれの場合でも、かけた工事費用がどれくらいの費用対効果を出すのか、どれくらいの期間で費用回収できるのか、「**リフォーム利回り**」を計算します。

通常のリフォームであれば家賃の上昇は見込まれないので、リフォーム代金の回収はできません。しかし、少しでも家賃を上げることができれば、工事費用を少しずつでも回収できるので、通常考えられるリフォームよりはるかに効果的（投資的）です。

リフォーム利回りの計算方法

リフォーム利回りは、「上がった家賃×12カ月÷(リフォーム費－原状回復費)」で算出します。以下に計算例をご紹介します。

(例) 3万円の家賃で貸していた物件を100万円かけてリフォーム(原状回復を含むリフォーム工事)し、5万円で貸せた場合のリフォーム利回り
3万円の家賃の物件を120万円かけてリフォーム
通常の原状回復をしても20万円はかかっていたので
それを抜くと、120万円－20万円＝100万円

5万円(リフォーム後の家賃)－3万円(リフォーム前家賃)
＝2万円の家賃差額

アップ→年間24万円の家賃アップ
24万円【年間家賃アップ】÷100万円(リフォーム費用)＝0.24
24%のリフォーム利回りとなります。

つまり、リフォームをしたことにより、上がった家賃で年間24%のリフォーム代金を回収できて、物件全体の利回りも上がるということです。
このようにリフォームをした効果で上がった家賃額と、工事総額の1年当たりの回収率を計算することができます。

(例) たとえば、1,200万円の利回り10%の部屋で50万円の原状回復のリフォームを行ったとします。

物件価格1,200万円＋リフォーム代(原状回復)50万円＝1,250万円
1,250万円÷120万円＝物件全体の利回り9.6%

これが同じだけ費用をかけて、部屋の価値が上がるようなリノベーションをしたところ家賃が上がりました。

物件価格1,200万円＋リフォーム代50万円＝1,250万円
1,250万円÷132万円＝利回り10.56%

ただ漫然と原状回復工事をしてしまえば、ただの経費であり利回りが落ちるだけです。これが、少しでも家賃に反映させられたら、物件の利回りを上げられるということなのです。

初心者ほど、セルフリフォームはしてはいけない！

不動産投資家のなかには、見様見まねでリフォームをしている人がいます。

とくに戸建てなど少額投資の人はその傾向があります。最近はYouTubeなどで施工の動画を見れますし、部材もインターネット通販で簡単に買えます。

もちろん、もともと経験がある人や、慣れている人にサポートをしてもらって行う分には良いでしょう。

しかし、**初心者の人にリフォームをすることはお勧めしていません**。よく本には「勉強のためにも自分でやってみるのが大事」などと書かれていますが、そんなことはまったくありません。厳しいことを言うようですが、それは何の勉強にもならないですし、正直に言って時間のムダです。

たとえばペンキを塗るにしても、もともと塗ってあるものが水性なのか油性なのかわからないまま塗ってしまうと、YouTubeのように最初はキレイにできたとしても、またはがれてしまいます。

同じペンキにしても、塗料同士の相性もあります。やみくもに塗れば良いというわけではないのです。また、十分に下地処理ができていないとヤニが浮いてきます。

もし勉強のためにリフォームをしたいなら、プロの仕事を間近で見て学ぶのが最短ルートでしょう。知識や経験もないまま自分ひとりで試行錯誤するのは自己満足でしかなく、結果的にプロに依頼するよりもコストがかかってしまいます。

最初は「ＤＩＹをしてみよう」と意気込んでいたものの、自分ではどうにもならず中途半端な状態で業者に依頼して、費用と時間が余計にかかっているケースも珍しくありません。

セルフリフォームは昨今のブームですが、あくまで趣味の範囲でやるならまだしも、投資として行うのはリスキーです。もし本気でやろうとするなら、自分がリフォーム会社を立ち上げるくらいの気持ちが必要だと思います。

セルフリフォームのデメリット

では、なぜ初心者がセルフリフォームをしてはいけないのかを解説します。はじめに質問させてください。

①本業におけるあなたの時給はいくらですか？
②セルフリフォームを実施するのにどれくらいの期間がかかりますか？
③そのセルフリフォームは職人さんレベルの仕上がりですか？
④材料はどこから仕入れるのですか？　そのリサーチに費やす時間は？
⑤そもそも、その工事をして構造上大丈夫ですか？
⑥あなたがやらなければならないのですか？

いかがでしょうか？　これらの質問に対し一般的な回答をしてみましょう。

まず前提として、不動産投資をされている方は本業でもうまくいっている方が多く、月50万円以上を稼がれる方はたくさんいると思いますので、その数字をもとに計算式に当てはめていきたいと思います。もちろん月100万円稼いでる方はこの倍の数字、150万円の方はその3倍です。

月収が55万円で月当たり22日出勤と考え、平均労働時間を8時間とすると

・8時間×22日＝176時間
・55万円÷176＝3125円

時給3125円ということになります。セルフリフォームの時間ですが、工事によってかなり変動するので、一般的な原状回復工事のワンルーム（約20㎡）程度の物件の木部塗装工事・クロス張替工事・クリーニング工事を実施するとして自分なりにキレイに仕上げる場合、以下の日数がかかると思われます。

・木部塗装工事に2日
・クロス張替工事に4日

・クリーニング工事に2日

正味8日間ではありますが、サラリーマン投資家は会社帰りの時間や休日を利用して実施するため、2カ月ほどはかかるのではないでしょうか？

ここでポイントです。

①の質問で出てきた時給を掛け合わせてみると、1日の稼働時間は8時間ですから、8時間×8日＝64時間×3125円＝20万円が本業であれば稼げたお金です。

②の質問の工事期間中に、もし入居者が付いたなら、3万円の家賃だとして、3万円×2カ月＝6万円

この時点で本業をやっていたら稼げたお金20万円。リフォーム業者にお願いをしていたら、1週間で完工できるものを2カ月もかけたための機会損失6万円で、計26万円を失っていることと同じです。

質問の答えに戻ります。③を考えてください。職人は毎日同じ仕事をして何十年という経験からくる技があります。素人がそう簡単に同じレベルにはなれません。

④についていえば、インターネットやホームセンターで探すという方がほとんどだと思

います。こちらにも計3時間くらいはかかりそうなので、3時間×時給3125円＝9375円のコストがプラスでかかっているということです。

工事内容の⑤は「塗装程度なら大丈夫」「クロスは費用対効果が高い」と、気軽に挑戦する方が多いです。しかし、その塗料は本当に内装で使用して良い物ですか？　クロスの糊は基準をクリアしたものでしょうか？　その確認をしていない方がほとんどだと思います。

最後の⑥については、頑張っている気がするし、リフォームの見積りが高いから自分でやったほうが得な気がする……そのような理由ではじめている方が多いですが、プロの私から言えば、**サラリーマン投資家さんがセルフリフォームを行う必要性は一切ない**と感じます。

当社でこちらの工事を請け負った場合、諸経費などは地域等により変わるため、別途で計算しますが、20〜25万円で施工が可能です。

セルフリフォームで行った場合は材料費5万円ほどなので、一見かなり安くできたと思うかもしれませんが、前述した自分の時給を考えてみましょう。決して安く仕上がっていません。それでいて仕上がりはプロのようにはいきません。

また、その工事期間中に客付けができなかったという機会損失が生まれていることも絶対に忘れてはいけません。たとえば、それが2月や3月の繁忙期であれば、家賃も少し高く、さらには即時契約になったかもしれない物件を眠らせることにもなるのです。

ここで繰り返しになりますが、セルフリフォームのデメリットをもっと掘り下げていくと、大きく以下の3つがあげられます。

①仕上がりがキレイではない

仕上がりがキレイではないのは、素人が行うので仕方のないデメリットです。誰でもキレイに施工できるのであればプロの価値はありません。

リフォームコストをカットするためクロスを張ることに挑戦する人もいますが、何よりクロスは仕上がりの美しさが大切です。

とくに柄物のアクセントクロスは「柄合わせ」といって、柄を合わせて張らなければいけません。簡単そうに見えて難易度が高いのがクロス張りです。

また前述したとおり、塗装にチャレンジする人も多いですが、塗装の種類はもちろん、その養生がとても大切です。建築用語の「養生」とは、工事中ですでに仕上がった部分や部材が痛んだり傷ついたり、汚れたりするのを防ぐため、ビニールをかける等の保護をすることを指します。塗装においての養生とは、塗装する以外の部分に塗料が付かないように覆いをします。

この養生をしっかりしなくては仕上がりがキレイになりませんし、塗装はムラが出やすいため、下地処理をしっかりしているか、塗料の選定を間違えていないか、また塗り方も大切です。このように単純で簡単にできそうなものほど、実は難しいのです。

それから、これはプロがやったから、素人がやったからというのは関係ありませんが、建物全体が古ぼけているなかで、一部だけを新品にしてしまうと、古い部分が悪目立ちしてしまいます。そのため、あえて古い部分と合う色を選択するのも大切です。

塗装であれば、ただ白い色を選ぶよりは、少しクリームがかった色を選ぶのが良いでしょう。こうしたプロであれば常識であることも、一般の人は知りません。そのため、仕上がりのバランスが悪くなりかねません。

②機会ロス

機会ロスというのは、リフォーム費用を惜しむあまり、半年間セルフリフォームを行うようなケースです。プロに頼めば3日で終わって10万円だったとします。翌月から貸し出すことができれば、月5万円の家賃が入ったと仮定します。

すると半年間の間に、リフォーム費用が10万円、家賃が25万円。ざっくりとした計算では半年で15万円の利益です。これが半年間かけてセルフリフォームを行い、材料費が5分の1の2万円だったとします。

これを同じ半年で計算すると、家賃収入は0で、かつマイナス2万円の出費です。表向きの支出が少なくても、なかなか商品化されないことにはお金も生みません。これが機会ロスです。

なぜ、このような機会ロスが生まれてしまうのか。その背景をいえば、リフォームコストを下げたい願望があるからです。このセルフリフォームを行う人は、キャッシュで少額の物件を買った人に多いといえます。たとえば、築古の戸建てを買った人です。

数カ月で終わればまだしも、なかには1年以上も時間をかけている人がいます。

その間に、月3万円の家賃が入ってきたと仮定すると、36万円の損失になります。こうなるとプロに依頼したほうが良い結果だったのではないかと思ってしまうパターンです。しかも成功したなら良いのですが、うまくできなかった場合はさらにプラスでお金がかかるので、これはリスク以外の何物でもありません。

キャッシュで物件を買った人はローン返済がないので、そのあたりを深く考えずにセルフリフォームをしているケースが多いように感じます。

③自分の時間が奪われる

最後に自分の時間が奪われます。これはサラリーマン投資家にとっても、一番のデメリットだと思います。仕事をしていない暇な立場ならまだしも、本業のあるなかで限られた時間を使ってセルフリフォームをすることで、より時間が削られてしまいます。

そうであれば、物件を探すなど自分にしかできないことに注力するほうが効率は良いように感じます。あるいは本業に力を入れて、年収を上げて自己資金を増やすなどの努力をしたほうが不動産投資に有益だと考えます。

不動産投資で成功できない人のなかには、そもそも「時間がない」という理由をつけて物件を買わない人もいますが、一方で凝り性になってしまい、家庭を顧みず物件に注力している人もいます。

サラリーマン投資家の皆さんは、材料費だけで計算して「ＤＩＹは安い」と認識されていますが、一度、年収を時給換算して、「ＤＩＹで稼げる時給はいくらなのか」を計算してみましょう。

おそらく多くの皆さんの時給は高いはずです。プロに頼んだほうが安く仕上がる可能性が高いです。

その他にも自分で工事をした場合に、事件事故のリスクがあります。インターフォン交換は簡単だからと取り組む方も多いですが、きちんと結線しないと火事になる恐れもあります。

なお電気工事士法では、屋内配線は基本的に電気工事士の資格を持つ技術者が施工しなければならないと定めています。

もちろん、大きな事故につながる可能性は少ないでしょう。それでも事故が起こる可能性がある限り、それを想定したリスクヘッジをするべきなのです。

くわしくは１２５ページで後述しますが、プロの業者は工事中の事故に保険をかけて、万が一をしっかり考えて対策しています。

それでも、本格的にリフォームに取り組んでみたい人は、建築現場でアルバイトをすれば良いのではないかと思います。アルバイトをすればお金も稼げますし、プロの仕事の手順を学べます。

見積りの取り方と見積書のチェックポイント

ここからは見積書をチェックする時に、押さえておきたいポイントを解説します。

①相見積りは3社まで

まず、そもそも業者にリフォームを依頼する場合、価格を中心とした条件面を比較するために、相見積りを取るのが一般的です。

なかには極端な投資家もいて、「近隣の業者すべての相見積りを取る」と言う人もいますが、これでは条件を精査するのに膨大な時間がかかってしまいます。

私なら相見積りは「3社まで」をお勧めしています。3社であればしっかり比較検討できますし、時間もそこまでかからないはずです。

また、相見積りを取る際は、必ずその旨を業者に伝えましょう。他社を意識して金額を安くしてくれる業者もいます。

ただその場合も、何社も見積りを取っていることを伝えると、面倒なお客さんだと煙がられてしまうので、強気に出過ぎるのもよくありません。相見積りをしていることを伝えると怒る業者や、誠実に対応してくれなくなる業者もいますが、そうした業者は依頼候補から外しましょう。

また、ある程度の信頼関係が築けている業者に依頼する場合、あえて「相見積りをするつもりはなく、（金額が法外でなければ）御社に頼むつもりです」と告げることでスピーディに作業してもらえることもあります。

②価格を優先し過ぎない

リフォーム業者を比較する際、多くの人が「価格」を最優先にすると思います。たしかにそれも間違いではないのですが、実は資金繰りが苦しくて、とにかくどんな仕事であっても受注したい業者もいるので注意が必要です。実際に最安値の業者へ依頼した直後に倒産という例はあります。

また、相見積りを取る際、同じ工事内容で価格が違うのであれば「安いほうを選ぶ」のは間違っていません。

しかし、違う工事内容で価格が違うのであれば、それは当然のことなので「安いほうを選ぶ」というのは間違っています。初心者の方には工事内容が十分かどうかを判断するのは難しいと思います。業者によって見積りの出し方も異なるので、なおのこと見極めが難しいでしょう。

また、安価な業者だと工事の質が悪かったり、追加で金額を上乗せしてくるケースもあります。金額の追加は、マイホーム向けの業者であれば珍しいことではありません。

サラリーマン投資家でクロスの平米単価ばかりを気にしている人もいますが、いくらクロスの平米単価が低くても、別の部分で費用をとったり、施工面積の測り方がいい加減(ひどい業者は水増しをします)ということがあります。

ですから、依頼先がそもそも「**誠実な業者なのか**」が一番大切で、そのうえで不動産投資に精通しているのか、そして工事内容が適切なのかを精査する必要があります。

また地域によって価格も変わるものです。傾向をいえば、都内は地方に比べると総じて単価が高く、地方は比較的に安価です。

よく書籍に書かれた「こんなに安くリフォームができた」というエピソードを鵜呑みにして、その地域の相場に合わない価格で交渉しようとする人もいますが、それは業者から嫌われるだけです。

そもそも人件費については時期にもよるので、一概に金額が高いか安いかは判断できません。ただ、工事の内容と業者の経験値を見る目が養われると、ある程度は見極めることができるようになります。

③工事内容が明確か

業者から見積書をもらったとき、どこをチェックすればいいのかわからない人も多いと思います。見積りを受け取ってまず確認すべきところは、「工事内容が明確かどうか」です。

まずは、自分がお願いした工事がきちんと入っているかを確認しましょう。抜けている場合、後から追加料金を請求されることもあります。屋上防水など、その方法がいくつか種類があるときは、どのような工法でいくらなのかを把握します。見積書の書き方も業者によって変わってくるので、そこはしっかりと確認してください。

材料の仕入れ値は業者の規模によって異なります。取引量が多く同じものをたくさん仕入れている業者であれば安くなりますし、その逆ならば高くなる傾向があります。

また、同じメーカーの同じ品番だからといって、すべての業者で同じ価格で提供されるわけではありません。その業者に付き合いの深いメーカーがあると、グレードの高いものでも安く交換してもらえることがあります。

よく「雑費」や「諸経費」と書かれた名目がありますが、これは人件費・駐車場代・交通費・材料費・ゴミ代・その他諸経費（現場監督を管理するお金・現場監督の車代・事務員の給料・通信費など)、そしてその業者の利益を指します。

④その業者は信頼できるか

見積りをとる会社が、信頼できるかはとても重要です。最低限、工事実績は豊富にあるのか。保険に入っているかは確認してください。

あとは電話やメールでの対応が誠実であるか。工事内容にもよりますが、現場監督や営業がいることも重要なポイントです。安い業者では、すべてを職人がやっているケースもあります。その場合、保険加入していない可能性が高いため、トラブルが起こりやすく、何か起こったときに対応ができません。

現場監督は工事の進行管理をしたり、現場にルールを設けて職人に守らせたり、工事中に何かトラブルがあれば対応します。また営業は顧客の対応をしますが、工事の際は、近隣住民への挨拶やクレームがあったときの対応なども行います。

⑤見積りサイトは使わない

一括で見積りを取れることから、一見便利そうに見える「見積りサイト」ですが、そこで良い業者に出会える可能性は低いと思います。

逆説的に考えてください。そこに登録しなければ仕事のない業者です。仕事のない会社、人気のない会社ということです。

また見積りサイトには、登録している業者しかいません。相見積りが前提となるため、安くしないと空振りになる可能性があり、「とにかく安く」そこだけに注力する業者が質の良い工事を提供できるとは思えません。

やってはいけないその他のリフォーム

セルフリフォームはしてはいけないと述べましたが、その他にもやってはいけないリフォームがあります。それは「**施主支給**」と「**分離発注**」です。ご存知ない方に向けて用語の解説と、なぜやってはいけないのかを説明しましょう。

①施主支給

リフォームの種類に「施主支給」というものがあります。これは、大家さん自らがインターネットやホームセンターなどで部材の手配をして、職人さんに取り付けの工事だけ依頼するものです。

メーカー製設備の型落ち品をオークションで購入する、外国製の安価な設備をネット通販購入するなど、大家さん自らが格安な部材を用意することでコストダウンができるとあって人気を集めています。

「施主支給」ではコストが安くなるというメリットがある一方で、部材の購入という手間がかかるというデメリットもあります。また、現地調査を行ってしっかり下調べをすることが重要です。

また、モニター付きインターフォンなどの部材は、たしかにネットで買ったほうが安く済みますが、それはあくまで1つ、2つといった少ない単位で購入したときの話です。これが、10個、20個など施工業者が大量に購入するものであれば割引がきくため、「施主支給」のほうが高くつくケースもあるので注意が必要です。

そもそも業者としては部材の仕入れから工事までを仕事と考えているので、施主支給はよく思われないケースも多々あります。

・手配ミスによるトラブル

施主支給において、ありがちなトラブルには「手配ミス」があります。

たとえばキッチンならサイズはもちろんのこと、水道管の位置、取付けに必要な部品などを把握したうえで部材を発注しないと、そもそも取り付けられません。

事例としては、換気扇を施主支給で取り付けてもらおうとしたら、サイズを間違えて取り付けられなかった……ということはよくありがちです。その場合は、換気扇の返品交換後に再度取付するため、職人さんの手間が増え、工期が伸びてしまいます。

そもそも換気扇自体はものによって、数千円で売られているものですが、取り付けのために再度職人を手配する結果になれば、最初から工事と合わせて部材も発注したほうがリーズナブルに行えたでしょう。目先の数千円を惜しむあまり、結果的に余計な出費がかかるケースです。

・安価な海外製品でのトラブル

海外の低価格の家具や生産国が不明な家電は、金具が合わないなどの手間がかかる可能性があるため、一般の業者には嫌がられる傾向があります。たとえ安く部材を仕入れても、結果として高くなることは珍しくないのです。

キッチンの場合、見本の写真には付属品がついているのに、実際には足りない部品があったがゆえに工事が進まないケースです。中国系のサイトでは商品そのものが到着しないなどといった詐欺のリスクもあります。値段の安さだけを重視すると、トラブルに巻き込まれる可能性が高まるので注意が必要です。

また、一般的に施工業者は国内メーカーのもので、自社が仕入れたものでなければ施工保証をしてくれません。たとえば、新調したキッチンから水が漏れたとしても、その責任は取り付け側なのか商品なのかが判断できないからです。

特に水回りに関しては、メーカー側と取り付けた業者側とで責任の押し付け合いをすることが少なくありません。

・部材の受け渡しのトラブル

くわえて、これは施主支給の意外なデメリットですが、部材の受け取りが難しいという側面があります。工事中で職人がいれば、宅配が届いたときに受け取ってもらえますが、そもそもこれをやると職人の手が止まり、仕事が進まなくなるので嫌がられるケースもあります。

厳密に言うと荷受けまでが部材支給の仕事です。現場に人が不在の場合、宅配業者が商品を持ち帰ってしまうこともあり得ます。よくある失敗事例としては、「〇日に職人さんが作業するから〇日の午前中に荷物が届くように指定したものの、職人さんが到着する前に宅配が届き持ち帰られてしまった」。または、「午前中の配達が遅配となって届いたのが午後になってしまった」。そんなことはわりとよくあります。

もし職人さんが現場に行くときに商品が届いていないと、職人さんの仕事がないわけですが、そうなった場合でも職人さんの人件費は発生します。もちろん、日程を改めてまた来てもらったとしても料金は発生します。理由はその職人の仕事を止めた原因が、部材の段取りミスであるからです。

つまり、商品の注文から発送・到着まですべて予定どおり進むのであれば問題ないのですが、一つでも想定外のことがあると、普通に業者に頼んでいたほうが安かったという結果になりかねないのです。

②分離発注

分離発注は、自分が施工管理する担当となって、たとえば大工工事と水道工事を別々の業者に発注することを指します。

一般的に工務店には、現場監督としてスケジュールや人材を調整する人がいて、それ以外には各施工のスペシャリストがいます。

分離発注を行う場合は現場監督を投資家自身で行い、実際の工事はプロに依頼するイメージです。本来であれば一つの工務店に頼むところを個別で業種ごとに発注するので、現場監督分のコストを抑えることができます。

ただ残念なのは、現場監督がやらなければならないことを理解しないまま分離発注する人が多くいます。そうした人たちは、曖昧な指示を繰り返して現場を混乱させてしまうことが往々にして起こりますから、良い結果にはなりません。

・キッチン設置のトラブル

キッチンを設置するとき、大工さんと水道屋さんに手配したとします。このとき、事前に水道屋さんが給排水をキッチンの合うところに移設させなければなりません。そして、その給排水のある場所で、大工さんはキッチンを組み立てて設置します。

しかし分離発注では、水道屋さんに「水道をつなげてください」と伝え、大工さんには「キッチンを組み立ててください」と伝えるわけですが、先にキッチンが設置されてしまっていた場合、水道屋さんはその仕事ができなくなってしまいます。

つまり本来は、最初に給排水を準備してからキッチンを設置しなければならないのに、準備なしでキッチンを置いてしまうと、後から水道屋さんに依頼しても難しく、トラブルにつながる恐れもあるのです。

・内装のトラブル

また、内装に関していうと、「どこまでをどの業者が行うのか」をしっかり采配する必要があります。たとえば、壁紙とフローリングの間にある「巾木」（はばき）は、クロスを張る内装屋さんで「ソフト巾木」を施工するケース、大工さんに「木製巾木」を施工するケースの両方があります。

このリフォームにおける「どこをどう分担するか」を事前に考えておかなければ、必要な工事ができていなかったり、逆に同じ工事内容を重複して発注してしまったり、二重に金額がかかってしまう結果となりかねません。

私からみると、業者がどこまで作業できるのかを十分把握しないまま分離発注しているケースが多いように感じます。

よくあるミスでいえば、内装屋さんには壁紙は頼めても、フローリングの張り替えまでお願いできる場合は少ないです。フローリングの張り替えは大工さんが行うからです。

たとえば、内装屋さんにクロスの張り替えを発注しており、そのソフト巾木の施工までが込みになっていたとします。しかしフローリングの張り替えを発注した大工さんも木製巾木の設置が込みになっていました。

すると、巾木の施工が二重で発注されており、この見積りで依頼してしまえば、両方に対して支払いが発生する可能性もあります。

逆に、どちらの業者も巾木の施工を行わないケースもあり、工事が足りない場合は追加工事として、もう一度業者を稼働させなくてはいけません。もちろん、そこにも料金が発生します。ですから、工事の内容はすべてきちんと把握しなくてはならないのです。

・エアコン設置のトラブル

これは、エアコン交換とクロス張り替えを同じタイミングで行った際に起こりがちなトラブル事例です。前提としてクロス交換を業者に発注して、エアコンは家電量販店で購入して設置を依頼したとします。

まず、内装業者がやってきてクロスを先に張り替えました。その際に、エアコンを取り付けたまま張り替えます。なお、このときに取り付けられているエアコンは昔の機種でサイズが大きいものでした。

家電量販店と契約しているエアコンの取付業者が古い大きなエアコンから、最新のスマートなタイプのエアコンに交換します。するとエアコンの後ろにあったクロスを張り替えていない部分が出てきてしまいました。

こうしたトラブルはスイッチコンセントの交換時にも起こりがちです。業者によってはクロスを張り替える際に、一度スイッチコンセントを外して付け直しますが、なかにはスイッチコンセントを外さずにクロスを張る業者もいます。

そして後からサイズの小さなスイッチコンセントを交換したところ、昔のクロスが見えている状態になったという失敗もあります。

前提として、工事には段取りがあります。エアコンの交換とクロスを張り替えるのは別工事でありながら、同じ部屋で行う工事です。本来であれば、エアコンを外したところでクロス屋さんを呼ぶのが正しいのです。

ただし、エアコンの取付業者からすると二度手間になるので、2回にわけて行うことはまずありません。しかし、リフォーム業者の手配であれば、それは可能です。なぜなら自社でエアコン取付けもクロス張り替えもできるからです。電気工事を担当する職人が常にいろんな現場をまわっていますから、そこで2回にわけて取外し、取付けという作業ができます。

こうした段取りは一般の投資家では難しいでしょう。その結果、工事の収まりが悪くなっている物件をよく見かけます。また、それは自分のせいなのに、それがわかっていない投資家も多いです。

たしかに壁紙を張り替える、コンセントを付け替えるなど一つひとつの作業を依頼することは難しくないように感じるかもしれませんが、誰かに依頼する以上、そこまでスムーズにはいきません。

不動産投資関連の書籍には、非常に安い価格でリフォームした事例が載っていることがあります。それを参考に、実際に見積りを出したら高い価格を提示されてしまい、何社も何社も理想的な価格を追い求めて見積りを依頼する人がいます。

しかし、こうした人の場合、ようやく安いところを見つけても、いざ作業が終わったら追加請求がきて、他の業者よりも高くついたという残念な結果に陥るパターンが珍しくありません。そして結局のところ、最初に見つけた業者が安かった……ということもあります。

このように、相見積りをとって交渉するという過程で多くの時間を費やしてしまう人が実は多いものなのです。

・最悪なケースでは工事ストップもありえる

最近は不動産投資において、DIY関連だけではなく分離発注を推奨する本も出版されています。しかし、そこには「タウンページで職人さんを探しなさい。地元の土建組合に電話して、一人親方に依頼しなさい」などと書かれています。

そういった職人さんで、質の良い方を見つけるのは簡単ではありません。私の会社にしても、たくさん仕事をやってきたからこそ、そこに付いてきてくれる職人さんがいて、彼らをまとめあげることができるわけです。

職人さんのほうもその仕事を「継続して発注してくれる取引先なのか」「1回限りの発注なのか」で対応が変わります。1回限りの仕事であれば、手を抜く人も出てきます。職人さんをまとめるのは、初心者の方が一朝一夕でできるものではないのです。

また分離発注の場合、職人さんに逃げられる可能性があるのもデメリットの一つです。途中で職人さんが来なくなって工事がストップしてしまった……こうしたケースは、安い価格で工事を依頼した場合にありがちなことです。単純にもっと単価の良い仕事が入れば、そちらを優先します。

分離発注のリスクとして、「誰がやったかわからない」という点もあげられます。

たとえば、大工さんに床の補修、クロス屋さんに壁紙の張り替えを分離発注しました。本来であれば、大工さん（床）が終わってから、内装屋さんがクロスを張りに来ます。その過程で、どちらかの職人さんがカッターを落として床に傷をつけてしまいました。

こうしたことは職人さんが気づくこともあれば、気づいても言わない場合があります。これを分離発注ではなく1社に全部お願いしていれば、施工会社に責任を追及できますが、分離発注ではどちらの責任かを問う必要性が出てきます。

とはいえ、大工さんと内装屋さん、どちらの責任なのかは、その都度、現場に行って確認していない限りわかりません。

結果、責任の所在が不明のまま、自身で再発注しなければならなくなります。そうなると、時間もコストもかかるので分離発注した意味がまったくないことになります。傷を新たに直したい場合でも、単純に「傷の補修」だけで済むことはなく、何かしらの工程が発生してしまうのです。

このように、プロフェッショナルな人をマネジメントしようとすればするほど、対価が発生する可能性が高まり、人間同士のトラブルにつながってしまいます。

そうしたマネジメントに自信がなければ、**施工管理のプロに発注**したほうがコストを抑え、現場の満足度を上げられるでしょう。

業者の選び方については、次項でよりくわしく解説します。

こんなリフォーム会社はNG！

リフォーム会社にも種類があります。

工務店とはいっても名ばかりで、実体は一人の職人さんが請け負うケース、もしくは家族経営のような小規模な会社がある一方で、新築工事も請け負える会社や、ハウスメーカー系の工務店、建設業を主力で行っているリフォーム部門など、その規模はもちろんのこと、組織の形態もさまざまです。

①打ち合わせしたことの履歴を残さない業者

まず個人業者や家族経営のような小規模の会社は営業担当がいなくて、職人さんが直接受注しているケースが多いです。

こうした業者の場合は、打ち合わせの時にメモをとらないケースもあります。これは仕事に対する意識の問題でもありますが、工事にどこまでが含まれているのか、その内容の履歴が残っていないことで、後々トラブルになる可能性が高いです。その結果「言った、言わない」の水掛け論となります。

そうならないためにも、メモをとっているのかどうかを確認しましょう。私のこれまでの経験上、価格が安い個人業者ほどメモをとらない傾向にあります。

お互いに信頼し合える関係でないと、ネガティブなイメージを払拭できないまま、1回きりの関係で終わってしまいます。

ですから、やりとりした履歴を残すためには、メールの対応をしっかりしてくれる業者、できればＬＩＮＥも使えるとベターでしょう。

②固定の電話番号がない業者

固定電話の番号がある、写真をきちんと送ってくれる、説明をきちんとしてくれるなど、当たり前のところから信頼できる業者を選ぶよう心がけてほしいと思います。

③自社のホームページがない

ホームページを持っていない業者も避けるべきです。

普通、「ホームページがなくてもタウンページで職人を探せる」などといわれますが、実はそれは大きなリスクです。ある程度しっかりしている業者であれば、自社の強みや対応できる工事などを明記したホームページを持ち、問合せフォームなどを設けているものです。

ある程度の経営基盤のある業者を選ぶほうが、安全な工事やしっかりとした技術の提供ができます。そこを見失ってしまうと、結局コストも時間もかかってしまうことになるので、ぜひ注意していただければと思います。

ホームページによっては、許認可の有無と従業員数が書かれているので、業者の規模感を把握することができます。それを確認して、ある程度の事業規模の業者を、私は従業員数20人以上いる会社をお勧めします。

④保険加入していない

まず最低限、保険に加入しているかをチェックしましょう。

建設現場では、従業員・職人さん・下請作業員・現場警備員など現場で働く人がおり、その建物周辺などに第三者も行き交うことがあります。また、建設中の建物・資材についても大切な財産として、取り扱わなくてはなりません。

しかしながら、建設現場ではさまざまな危険と隣り合わせになることが多く、そのリスクに備え常に万全の対策を練る必要があります。工事中の事故による損害の補償は、その会社の補償能力の範囲内でしかなされません。

前述したように職人さん自身がケガをしてしまった、ケガをさせてしまった。もしくは物件を壊してしまったなど、万が一のトラブルが起こった際、職人さん一人で責任を取ることはできません。通常しっかりした工務店であれば、保険に加入してトラブルに備えています。

具体的には**工事総合保障保険**といい、損害賠償の補てんだけでなく、事故後の早期解決に必要な調査や対応のバックアップが付帯しています。なお実際に工事保険加入しているかどうかは、ヒアリングするしか方法はありません。

以下に建築事業者向けの保険の基本的な補償内容を紹介します。

建築事業基本特約付事業総合保険の基本補償

・施設・業務遂行賠償責任補償

・施設・請け負う業務遂行賠償責任補償

・費用補償

・初期対応費用補償

・発注者補償

工事以外の遅延損害や使用不能賠償も対応でき、幅広く補償範囲がカバーされ万が一の事故による損害もカバーできます。

参考までに保険に加入していない会社、している会社でどのような違いがあるのか、表にまとめましたのでご確認ください。

保険に加入していない業者Aの場合
・事故対応は全て自分で判断し対応する (精神的な負担) ・事故で請求された金額が妥当かどうか判断しなければならない (事故請求の妥当性) ・事故原因は自分で調査する (事故原因・過失) ・事故費用は、全額自己負担。賠償額は会社の利益から捻出する (経済的な負担) ・相手方との交渉は全て自分で判断して進める (相手との交渉)

保険加入している業者Bの場合
・事故対応は保険会社、代理店と協力して対応できる (精神的な負担) ・保険会社、調査会社、鑑定人が検証して妥当性を検証できる (事故請求の妥当性) ・事故原因は保険会社、調査会社を原因究明できる (事故原因・過失) ・保険対応できれば自己負担が小さく抑えられる (経済的な負担) ・保険会社のサポートを受けながら交渉できる (相手との交渉)

これだけみても、保険に加入していない建設会社に、どれほどのリスクが潜んでいるか、理解いただけたかと思います。そしてこの業者Aが、賠償ができず倒産や破産となった場合、被害者である投資家にとって最悪な結末となることは言うまでもありません。

また、保険の支払いには規定がありますので注意が必要です。ここでは、いくつかの事例を交えてご紹介したいと思います。

ＤＩＹ大家さんの事故

前述したようなセルフリフォームを行うＤＩＹ大家さんがいました。具体的には塗装は自分で行い、大工工事を業者に発注しました。大工さんが電動工具を使用したところ、火花が散りＤＩＹ大家さんが用意していた塗料に引火。ボヤになり建物の一部が汚損されました。

そこでＤＩＹ大家さんは、大工工事を請け負った業者に対し損害賠償請求をしたところ、業者から火花が起きることは通常施工の範囲であり、なんと「事故原因は塗料を置いたままにしたＤＩＹ大家にある」との回答がありました。

最悪の場合、ＤＩＹ大家さんに過失があるとして、建設会社から損害賠償請求される場合があります。このケースではそもそも業者の非が認められたとしても、保険金支払いの規定から対象にはならなかったようです。

保険金支払いの対象にならない理由として、保険加入をしている業者の物ではない資材への引火が原因での事故であったことです。「作業中に起こした事故については、賠償責任は問われない」と民法上規定がありますが、加害を防止する措置を怠り、具体的な指示を与えなかった場合は、ＤＩＹ大家さんに過失があるものとして賠償責任を求められることがあります。ここでもＤＩＹによるリスクが見受けられました。

施主支給部材による事故

施主支給とは、１１１ページで解説したとおり、本来であれば工事業者が手配する部材を、大家さんが自身で手配することでコストダウンを行う方法です。今はホームセンターやインターネット通販で何でもそろっていますから、住宅設備のような特殊なものであっても、大家さん自身で手配することは難しくありません。

トラブル事例の紹介をしましたが、施主支給では施工後に製品の不備が見つかった際に、販売業者の責任か、施工業者の責任なのかはっきりしないケースが多いです。

施主支給での注意事項はいくつかありますが、事故につながりやすいトラブルといえば、購入した商品が思っていたより重量があったため、搬入のための人数が必要になる、または建物の上階にクレーンで積み込む必要が生じたという事例もあります。

そして搬入中に壁にぶつけて穴が開いてしまった場合（建物の破損）、これもまた搬入する業者が保険加入していても、仕様部材がその業者指定のものでなければ、保険適用外となるリスクがあります。

分離発注（他社と同時進行）による工事中の事故

分離発注は115ページで解説したとおり、従来であれば工事の現場監督が必要なところ、それを大家さん自身が行い、各工事業者を直接発注して工事費用を安くする方法です。トラブルについては第3章でいくつか紹介しましたが、これが「ミスが起きて工期が伸びた」「工事費用が割高になってしまった」という程度であればまだしも、大きな事故やトラブルにつながるリスクもあります。

これは知人大家さんの話ですが、雨漏りの修繕をしたはずなのに、屋根と外壁の継ぎ目部分から雨漏りが起きました。同じ業者が工事している、もしくは元請けと下請けという形で工事全体を管理している業者がいれば、責任の所在ははっきりしています。しかし、分離発注で、屋根と外壁の発注先が違った場合、どちらの責任でどちらが補償するかという問題で、責任の押し付け合いになる可能性が非常に高いです。

さらにリスクをいえば、このケースで屋根の工事業者が保険加入しており、外壁業者が保険加入していないとしても、複数業者が現場に入っているため、屋根業者の保険までもが適用外になってしまう恐れがあります。

というのも工事保険は「工事そのもの」を対象とした保険ではなく、請負業者の工事中の不備を対象とした保険といえます。そのため元請業者がいて工事を統轄する前提で作られており、分離発注（他社と同時進行の工事）には対応していないのです。

どうしても分離発注方式で工事を進めたい場合には、それぞれの工事業者が個別に、この保険加入していれば問題はありません。しかし、保険加入には費用がかかりますから、格安で請け負うような下請業者が保険加入しているケースは稀です。

⑤建設業の許認可がない

建設業務の許認可を得ているかどうかも重要なポイントです。一般的に建設業許可がなくても、請負金額500万円未満（消費税込）の工事であれば施工することができます。それ以上の工事になると許可が必要です。

建設業許可を取るには次の5つの条件があります。

1 経営業務の管理責任者がいる
2 専任の技術者がいる
3 請負契約に関して誠実性がある
4 財産的基礎、金銭的信用がある
5 許可を受けようとする者が、一定の欠格要件に該当しない

これらの要件を満たしていなければ許可がとれないので、逆にいえば許可がないということは、これらの要件を満たしていない業者となり、信頼性に欠ける可能性があります。

⑥職人のマナーの悪い会社

これは発注して工事がはじまってからわかることです。

工事現場によっては職人さんが路上でタバコを吸う、ヘルメットを被らない、ゴミが放置されたままなどマナーが守れていないことがあります。

それはそもそも施工管理する会社が現場教育を疎かにしているケースが大半です。

しっかりした会社はタバコを吸う場所を決めて、それ以外の場所で吸った場合の罰金

や、ゴミの放置の罰金を設けて職人を管理したり「ヘルメットを被らない状態で事故が起きてケガをしても自身の責任になります」という誓約書を交わすなど工夫をしています。

こうしたことを徹底して本人に自覚を持たせるとともに、工事現場のマナーや安全を向上させていく結果につながります。また、万が一にも訴訟トラブルが起こった際のリスクを軽減できます。

同じように見える工務店でも、意識の違いに大きな差があります。いわゆる「一人親方」のような会社は前述した保険に加入せず、ひどい場合は労災にも加入していません。全責任を一個人が負うことになっているのです。

このように工務店によってリスクの考え方は大きく異ります。一方、ハウスメーカー的な工務店だと、逆に管理が厳しすぎて、職人さんに対する自由度が低く、その分コストが多くかかってしまうこともあります。

このように付き合ってはいけない業者さんもいるのですが、大家さん自身に問題のあるケースも散見されます。

大家さんのなかには、「だまされてはいけない」と強く思い過ぎて、工事内容や段取りについて知識がないにもかかわらず、業者へ過剰に質問してしまい、嫌がられるケースもあります。本当は良心的な業者なのに、大家さん側のアプローチが悪かったため、断られていることもあるのです。

良心的な業者というのは仕事に困っていないわけですから、面倒なお客さんが来たら「では結構です」という対応をするものです。逆にしつこく食い下がる業者のほうが、実は仕事がないという可能性もあります。

不動産投資では、融資、税など知識や経験を積まないと乗り越えられない壁がいくつかありますが、最後の壁となるのは「**修繕**」だといえます。いくら高利回り物件を購入できても、修繕がかかってしまえば収益は落ちてしまいます。

にもかかわらず、多くの人は修繕を軽視しているように感じます。たしかに購入してしばらくは問題が表面化しにくいので、その気持ちもわからなくはないです。

しかし、修繕に関する知識を持たないと、知らないうちに余計なお金を取られ、収益はどんどん悪化していきます。価格についてはブラックボックス化しているところもあるので、しっかり知識武装する必要があるのです。

そういう意味で、**不動産投資で真に成功している人は、「修繕」を制している**ともいえるでしょう。次の第4章では実際にどのようなリフォーム工事を行っていくのが効果的なのかを写真を交えて紹介していきます。

column 3

投資家インタビュー

サーファー薬剤師

プロフィール

1980年、東京都足立区生まれ。薬科大学卒業後に薬剤師免許取得。その後、オーストラリアワーキングホリデーに行き、サーフィン、海外生活を満喫し帰国。帰国後は千葉で薬剤師のパートをするかたわら、ネットショップを立ち上げ輸入販売業をするがうまくいかず進むべき道に迷っているときに不動産投資に出会う。節約しながら資金をつくり、2012年に1戸目を取得。現在の所有物件は戸建て12戸（何軒かは売却済）。著書に『空き家は使える！戸建て賃貸テッパン投資法』（技術評論社）がある。

不動産は手堅い投資

――不動産投資をはじめるきっかけは？

サーファー薬剤師「石原博光さんと知己を得て、不動産投資を知りました。何となく自分でもできそうだなと思ったのです。石原さんの本は一棟アパート投資を勧めていますが、戸建ての記述もありとても気になっていました。いずれにせよ、地方高利回りは石原さんの影響が大きいです」

――不動産投資の良さとは？

サーファー薬剤師「かつてはハンモックを輸入して、それをヤフオクで売るビジネスをしていましたが、思うように結果が出ませんでした。その当時はビジネススキルが低かったせいもあり利益が安定しません。それに比べて不動産投資はミドルリスク・ミドルリターン。おまけに自分でコントロールができ、勉強すればそれだけリスクヘッジが可能です。幸いにもこれまで失敗はしていません」

――千葉で戸建てを購入するようになった理由は何でしょうか？

サーファー薬剤師「僕は東京出身なので、最初は実家の近くで区分マンションを探していたのですが、いい物件がありませんでした。しかし当時は千葉に住んでおり、ここなら戸建てが安くて賃料もとれることに気づいたのです。それで、戸建てを探しているときに、不動産会社のなごみの社長（筆者の兄）と知り合って、物件を紹介してもらったりアドバイスをいただくような関係になりました」

――どのような戸建てを買っているのですか？

サーファー薬剤師「投資エリアは千葉県内に限り、条件として、車で1時間圏内に行ける物件を探しています。価格と利回りで考えると外房に集中していますね。最近は、そこまでボロ物件を買うことはありません。築20〜30年の戸建てで、利回りは20％が基準です。表装リフォームだけで済ませて、なるべく価格を抑えています」

——1戸目の物件でエピソードはありますか？

サーファー薬剤師「やはり戸建てで築古ともなれば、どうしてもリフォームは必須ですが、それで最初のハードルとなるのが『リフォームの相場感』をつかめないことです。僕の場合は、なごみの社長を通じて、ピカいちの社長と仲良くなったことで正確に判断ができました」

——リフォームに関してアドバイスは？

サーファー薬剤師「これからはじめる人だったら**先輩に聞く**のがベストです。それができなければ、仲介業者もある程度の知識がありますから、ざっくり判断してもらうのも手ですね。書籍には『業者同伴で物件調査をしたほうが良い』と書いてあるケースもありますが、購入前だと忙しい業者さんなら、内見を同伴してくれないケースも多いです。

それと**必ずリフォームする**こと。それも生活するのに不便のないところは手を入れません。コスパが高いリフォームにこそフォーカスしています。具体的には見た目で効果があり、コストもかからない表装をいじるのが好きです。クロスとＣＦに手間をかけるのは女性にとってお化粧みたいなもの。あとは水回りの流れやテレビの映り具合など、後からクレームになりそうなものはしっかり直しておきます。表装と設備、この2つはしっかりやるべきですね」

――コストダウンするコツはありますか？

サーファー薬剤師「物件が2階建ての場合なら、1階に力を入れてリフォームします。リビングやキッチンはみんなが集うので汚れるからです。反して2階の子ども部屋など、まだ幼い子ならともかく、それほど汚れないのでクリーニングだけで済ませます。クロスが多少汚れていても、クリーニングだけで済むケースが多いからです。そうやってコストダウンさせます」

――リフォーム会社の選び方、付き合い方は？

サーファー薬剤師「業者選びの基準は誰もが意識していることでしょうけれど、価格が高くないところ。あとはこちらとの相性です。業者さんとも一回限りとは考えないので相性は大事です。一緒に仕事をしていて感じの悪い人とは誰だってやりたくありませんよね。それにはまずレスポンスです。こちらが連絡を入れても折り返しの連絡がないのは信頼性に欠けます」

――ピカいちとのエピソードはありますか？

サーファー薬剤師「リフォームに関するアドバイスをいただいており、いつも感謝しています。そういえば、年末に入居者さんから水道の水が出ないとクレームがありました。その物件は井戸水を使用しておりポンプが壊れてしまったのが原因です。管理会社と地場の水道業者さんをあたりましたが、年末でどこもやっていませんでした。

当然、ピカいちさんも年末で休みだったのですが、ちゃんと電話に出てくれて水道業者さんを手配してもらえ直していただけました。このようなトラブルはいつ起こるかわからないので、臨機応変に対応してもらえると大家は本当に助かります」

――最後に読者の皆さんへメッセージをお願いします。

サーファー薬剤師「昨今はかぼちゃの馬車にスルガ問題と、悪徳業者にひっかかって大変な目に遭う投資家が多いです。そもそも不動産投資は知識でリスクコントロールができる数少ない投資です。知識が最大のリスクヘッジになります。そのためにはこうした書籍をしっかり読むのも大切です。

また、僕のように不動産投資をはじめた初期で優秀な業者さんとの付き合いがあれば良いけれど、そうでない場合はかなり危険だと思います。やはり、しっかり勉強をして知識を身につけるべき。僕が不動産投資をはじめたころは、なごみの社長がいろいろとアドバイスしてくれました。ですから、これから始める人も、先輩や信頼できる業者さんの存在は不可欠だと思います。なかにはコンサル批判もあるけれど、ちゃんと知識を持った人からのアドバイスを得ることはとても大事です」

サーファー薬剤師さんによる物件紹介動画

サーファー薬剤師さんの物件

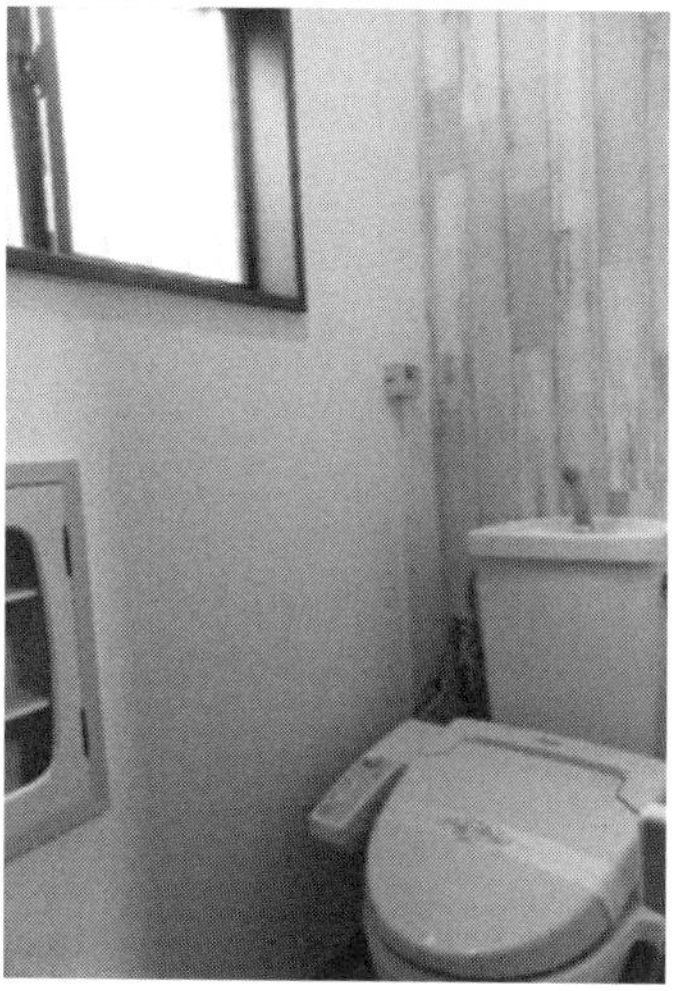

第4章

価値を上げるリノベーション実践テクニック

どんなにボロボロでもよみがえる！

本章では、実例をもとに**発注のコツなどの実践テクニック**をお伝えしていきます。前提としてリノベーションの目的は**利回りアップ**です。価値を上げるリノベーションを施すことにより「家賃を上げて」「高稼働させる」。それにより利回りが上がり、手に残る利益が増えます。それを実現するためのリノベーションを建物全体、外構部まで含めて詳細に解説します。

なお紹介するのは、すべて私の会社でリノベーションを手がけた物件です。リノベーションは木造アパート、RC造マンションなど構造によって変わるところもあります。ビフォー・アフターでご紹介しますので参考にしてください。

前提として予算を組み立てるときは、**女性が重視する場所を中心にグレードを高く**したほうが良いでしょう。そうでないと、せっかく高い設備を入れても家賃が上がらないという残念な結果を招いてしまいます。

ただ、この部分は見極めが難しく、業者によっては的外れな提案をしてくることもあります。それを防ぐためには、物件があるエリアでどんな設備が高評価なのかを把握しているか、その業者に確認したほうが良いでしょう。

このように、物件力を向上させるとともに**5〜10年間は修繕の心配もなくなる**のが、理想的なリフォームといえます。建物は新築同様なので客付には困りませんし、家賃が急落するリスクも排除できます。

外壁塗装・屋上防水

外壁についていえば、築年数の経過した古びた建物の場合は、外壁を塗り直すことをお勧めします。外観は本来であれば10年に一度は塗り直したほうが良いとされていますが、外壁の色を決めるときはサッシの色に合わせるのがお勧めです。私は「濃い紺、赤、白」の3色を角張った物件に使うのですが、それは単色よりも複数色のほうがおしゃれ感が出るからです。

色選びの際は、必ず事前にシミュレーションするようにしています。パソコンを使うことは必須条件ではありませんが、写真に色を塗ってみるなどイメージを具現化して把握しておきましょう。

色に関する注意点としては、見本と比べてギャップが出やすいことがあげられます。

外壁塗装の実例①

Before

After

外壁塗装の実例②

Before

After

具体的にいうと、見本よりも色が濃くなる傾向があるのです。

外壁塗装と共に行ったほうが良い工事として、**屋上防水**があります。理由は足場の工事が共通で必要になる場合が多いからです。

屋上防水はメンテナンスが非常に重要です。メンテナンスがきちんと行われていないと劣化が激しくなり、根本的に防水自体をやり直さなければなりません。

メンテナンスは5～10年に一度、トップコートを塗りましょう。トップコートとは防水保護層のことで、防水材ではありません。防水（防水層）を紫外線などから保護する役割を持っています。

購入時に屋上防水をチェックしない人は多いですが、必ず確認しておくべき事項です。中古物件の場合、既存の屋上防水が問題なく機能するか、実際に水をまいてチェックします。

ただ、これは大家さんが見るのは難しいので、専門の防水業者に判断してもらうことになります。写真を撮ってもらい明らかに劣化しているのか、メンテナンスされた状態なのかを把握しておきましょう。

そのうえで、防水業者にどのタイミングでメンテナンスをすべきかヒアリングすることが大切です。もし全面的にやり替えとなると、コストは4、5倍ほど変わってきます。屋上防水は外壁塗装と合わせて「2大コストがかかる箇所」といえるので、意識的に確認しましょう。

また中古物件だと、雨漏りをしていることが珍しくありません。

ただ、多くの人は「雨漏り物件」に対して修繕にお金がかかると思って敬遠しがちですが、実は雨漏り物件は狙い目だと私は思っています。修繕コストを計算して、収支が合うようだったら購入を検討していいでしょう。

とはいえ、先にコストを算出しても、実際に工事をしてみないと最終的な値段はわからないものです。したがって、たとえば屋根なら葺き替えれば直るという具合に、最悪のケースを想定してコストを考えることがポイントです。

ちなみに写真の物件（149ページ）の場合、水を抜く「ドレーン部分」の防水が一部切れていたので、そこを補修しました。

玄関

古い物件の玄関は、剥き出しのコンクリートが多いです。そこに大理石調のフロアタイルを張ると高級感を演出できます。広さにもよりますが、私は石目のタイル調に金目地を入れるのがお勧めです。

また、物件タイプによってコンセプトを変えます。男性が入居ターゲットであれば黒を基調にかっこよく、女性が入居ターゲットであれば白を基調にして清潔感を意識します。

玄関には安く付けられるモニター付きインターフォンを強くお勧めします。もともと呼び鈴がついているタイプの物件の場合、リフォームの際は１００ボルト電源工事が必要です。

最近は呼び鈴タイプが少ないですが、もしモニターが付いていないインターフォンだったとしたら、モニター付きに交換したほうが良いでしょう。

玄関リフォームの実例

After

Before

モニター付きインターフォン設置の実例

Before

After

リビング

アクセントクロスは建具のある面に張ってしまうと、建具や窓が浮いてしまうので注意が必要です。

方法としては、まず世帯でコンセプトを決める必要があります。極端な話、「漫画好きの人が住む」というコンセプトにするのなら、漫画を全面的に押し出すのも良いでしょう。避けるべきなのは、いろいろなテイストを混ぜてしまうことです。やるなら統一させなくてはなりません。統一させられれば、特徴的なアニメのクロスを使っても強みになります。

いくつかのバリエーションをつくる場合は、部屋ごとでも階ごとでも良いでしょう。どちらにせよ、世帯ではアジアン・ナチュラル・モダンなどのテイストは統一させる必要があります。アクセントクロスも同じテイストのものから選びましょう。

アクセントクロスの失敗例は、人気のある商品すべてをゴチャ混ぜにしてしまい、全体のコンセプトから外れてしまうというものです。

いくら単体では人気があっても、それを集めすぎると逆にうっとうしさが増していきます。あくまで「アクセント」なので、どこか1箇所が目立っているくらいでちょうど良いのです。

アクセントクロス・床の実例

床はすべて同じ色で、フローリングではなく木目調のCF（クッションフロア）です。フローリングよりもCFのほうがおしゃれですし、価格も3～5分の1くらいなのでお勧めです。

フローリングは傷がつきやすいので、黒にしても白にしても傷が目立ってしまいます。最近は、CFの種類も増えていますが、私はメープル色の木目調を好んで選んでいます。

さらにいうと、同じメープルのなかでも、狭い部屋は明るい色を選ぶことで部屋が広く感じられ、広い部屋は濃い色を選ぶことで高級感を演出できます。

照明設置の事例

また私の物件には、基本的にデザイン性の高い照明を付けています。既存の照明があったとしても、引っ掛けるシーリングタイプに交換します。照明は1~2万円ですし、電球交換の手間もかかるわけですが、部屋の印象がぐっと変わりグレードアップするのでお勧めです。

照明のデザインは、おしゃれなものであれば何でも良いです。楽天市場やイケアで購入しても構いません。物件のコンセプトに合ったものを選びましょう。

照明は自分で付けることもできなくはないのですが、他の物と一緒に業者へ依頼したほうがラクです。選ぶのが難しい場合、「何かお勧めの照明はありますか?」と聞けば、提案してくれるケースも多いです。

木部塗装の実例

木部塗装

中古物件だとむくの木でできた枠部分に雨染み、黒ずみができることもよくあります。そこを上塗りしてあげると、パッと見の印象が大きく変わります。やはり木部が汚いと、部屋全体も汚く見えるものなのです。

全体的にキレイにする必要がある場合、ミルキーホワイトのつや消しを木部に塗ります。こうすることで、明るく見えるようになります。

注意点として真っ白は汚れが目立つので避けたほうが良いでしょう。ミルキーホワイトならこげ茶にもナチュラルな木目にも白、黒にも合います。色を選ばず、汎用性のあるカラーといえます。

クロスは汚れが目立つのでわかりやすいのですが、木部だとなかなか気が回らず劣化を見落としがちです。

施工の順番としては、まず先に木部の塗装をしてからクロスを剥がして張り替えます。こうすることで養生しなくてもよくなるため、工程を一つ抜くことができてコストダウンができます。

押入れ収納

最近はふとんで寝る人が減っているため、押入れがあまり求められなくなっています。ですので、私は押入れの中段の棚を撤去し、ポールをつけてクロスを張っています。

アフターの写真の押入れの中にアクセントクロスが張られているものもありますが、実は押入れの中はアクセントクロスを試すのに最適な場所といえます。

そのアクセントクロスがコンセプトと合致したら、全体に使うようにしています。冒険をしてみたいときは、ぜひ試していただければと思います。

収納についていえば、ロールスクリーンで仕切るオープン収納にすることも多いです。オープン収納なら、荷物がある人は押入れのように使えますし、荷物がない人は部屋の一部として使うことができます。

押入れ収納の実例

Before

After

さらに、有効面積を広げられるので、入居募集時に優位に働きます。こうすることでネット検索でより幅広くヒットされるようになります。

キッチン

築古物件のキッチンは「ブロックキッチン」といわれる安価な団地タイプのキッチンが置いてあるケースが多いです。

こうしたキッチンを活かしたリフォームもあります。例をあげると、水栓をダブルレバーからシングルレバーに交換。キッチンの扉にシートを貼り、取っ手も新しいものに変えるやり方です。

こうしたブロックキッチンが古くなっている場合、同じような安いブロックキッチンに交換する人もいますが、私の場合、家賃をしっかり上げることを重視するため、システムキッチンへ交換するケースが多いです。その際に扉が木目調のものが高級感があってお勧めです。

キッチン交換の実例

After

Before

Before

洗面台

洗面台は費用対効果が高いので、交換することをお勧めしています。

シャンプードレッサーを新調したとしても10万円以内で済みます。クリナップの「BGA」が低価格でおしゃれで、新築建売り物件にもよく使われておりお勧めです。

洗面所は、他の水回り（キッチン、お風呂、トイレ）と比較してコストが一番かかりません。水回りを新調すると強いアピールポイントになるので、ぜひ新調を検討してほしいと思います。

基本的には既製品を入れますが、写真のように洗面所が狭い場合は大工さんに依頼して新しくつくることもあります（次ページを参照）。

洗面台交換の実例

After

Before

Before

バス

風呂を交換する基準としては、在来のお風呂のときです。「在来」とは、タイルが張ってある一からつくってあるものを指します。在来のお風呂を再度作り直すとコストが高くついてしまいます。そのため、いったん既存のものを壊し、防水や見栄えのことを考えてサイズに合うユニットバスを入れます。

ユニットバスも種類はさまざまですが、アクセントパネルの付いたものを選ぶようにしましょう。パネルの一面の色が変わっているものが高級感もあってお勧めです。

また、鏡は横長のほうが見栄えがよく、シャワーもサーモスタット混合水栓を選びましょう。

もしユニットバスがもともと入っているものの、汚いということであれば、一面だけアクセントシートを張り、大きめの鏡を横につけてシャワー水栓を交換するだけでも新品のようになります。

バスシート張り、鏡・水栓交換の事例

After

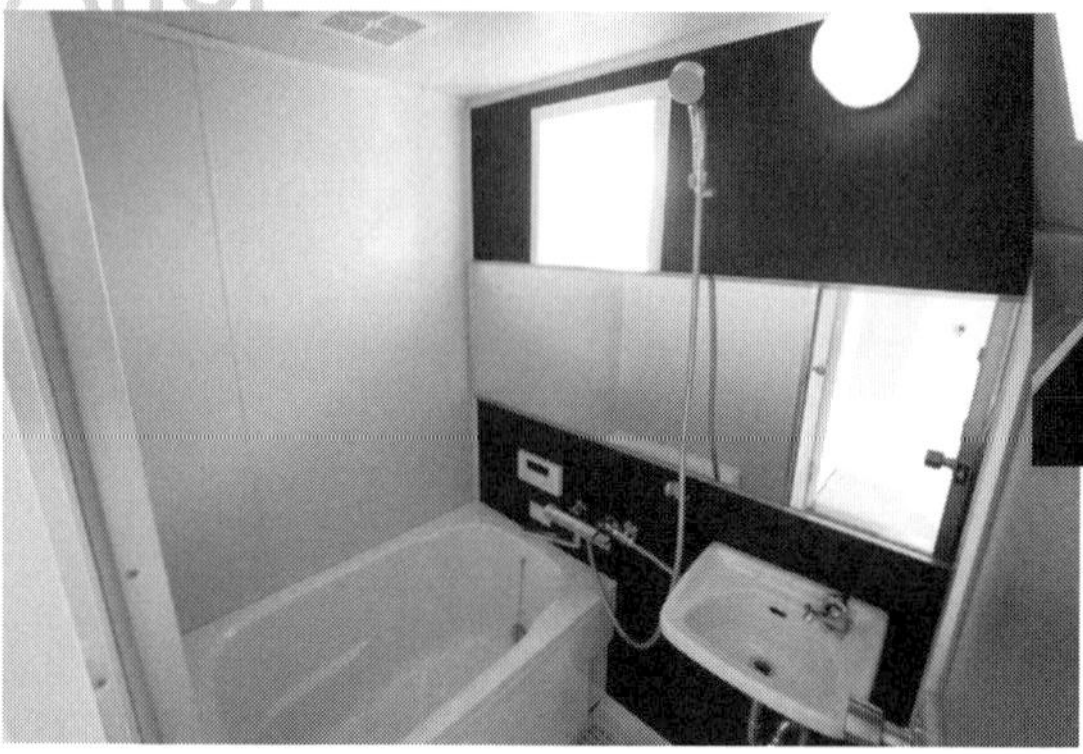

Before

新品交換の事例

After

Before

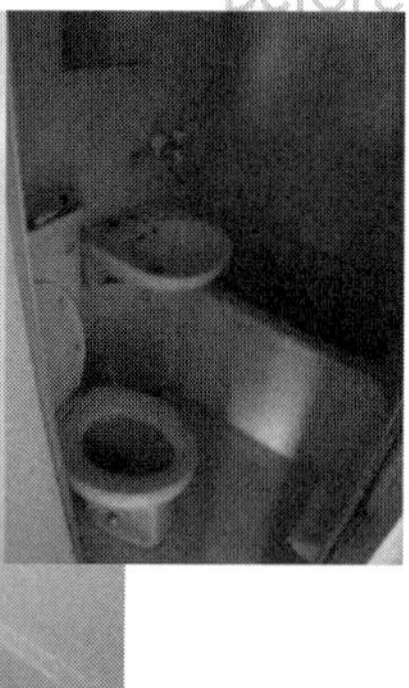

トイレ

トイレに関しては、まず最近はウォシュレット（温水洗浄便座）が必須といえます。

トイレの便器は基本的に壊れていなければ交換しませんが、「割れている」「和式便器」であれば丸ごと交換します。トイレの交換は高額なイメージがありますが、実際は15万円以内で済みます（和式トイレから洋式トイレへの工事は30万円くらいかかります）。

ウォシュレットはネットで物件検索するときのチェック項目にもなっているほど、重視している人が多いといえます。

実際にウォシュレットを使う人がどれくらいの割合かはわかりませんが、少なくとも便座が温まるウォームレットに関しては多くの人が高評価していると思います。ただ、ウォームレットと書くことはまずないので、ウォシュレットという形でアピールするわけです。

また、ペーパーホルダーも3000～5000円程度で新調できるので交換したほうが良いでしょう。

トイレにアクセントクロスを使う場合、水回り専用のものを選びます。トイレを使用しているときに水が飛ぶ可能性もあるので、見栄えだけでなく機能性も考えることが大切です。最近は、機能性が高いクロスもたくさん出ているので、そこから選びましょう。

トイレ全交換

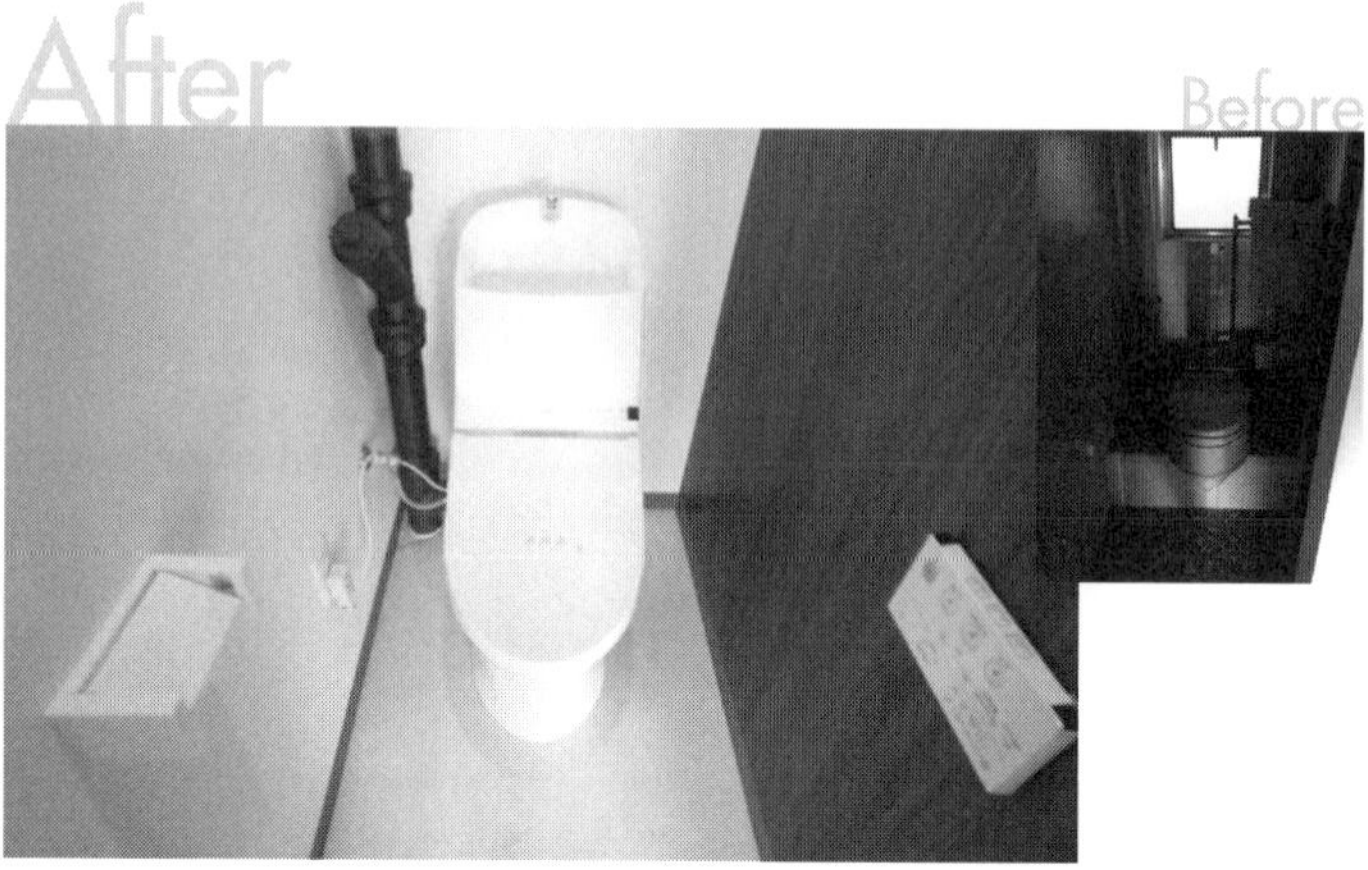

トイレウォシュレット交換

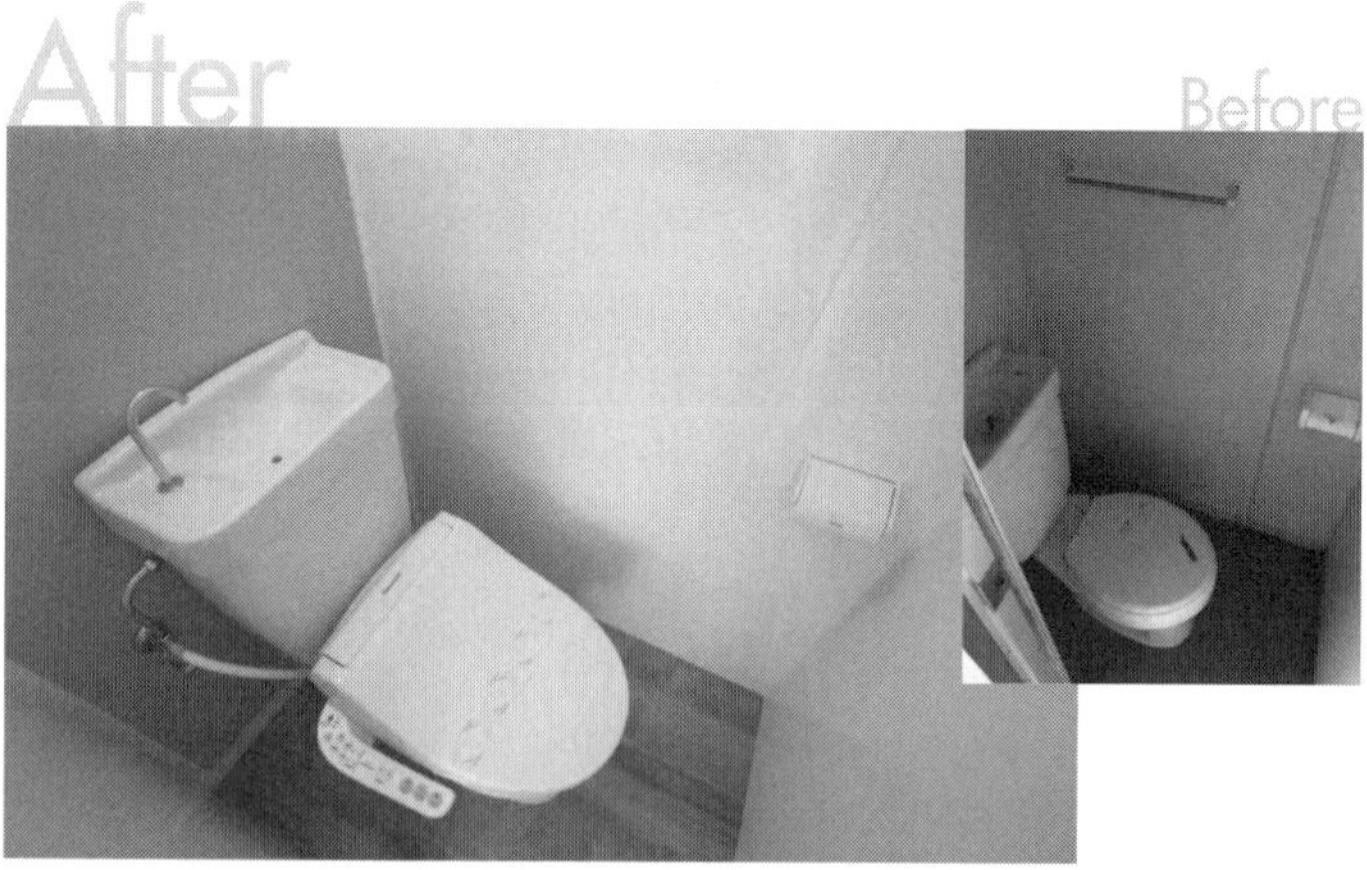

間取り変更

今は広いリビングが好まれる傾向にあります。

もともと和室メインの３ＤＫだった部屋を洋室の２ＬＤＫにしたり、２ＤＫを１ＬＤＫにするような間取り変更工事は家賃を上げやすく、入居付けにも強くなります。

「ＬＤＫ」の表示ができる部屋の大きさは決まっています。全国共通で１ＬＤＫは８畳以上、２ＬＤＫ以上になると10畳以上の広さが必要となります。

ときどき9畳でＬＤＫ表記をしている２ＬＤＫ物件もありますが、本来であればルール違反です。ＤＫをＬＤＫにするだけで物件力が増して家賃も大きく上がりますので、ぜひ皆さんも検討してほしいと思います。たとえば、３ＤＫと３ＬＤＫだったら、３ＬＤＫのほうが当然家賃設定は高くなります。

ただし、抜けない柱があるなどの構造上の問題がある場合は、間取りの変更ができません。またＲＣ造の場合、「耐力壁」があるため、解体できない可能性があります。

大規模な1棟のリノベーションを行う場合には、間取りタイプをいくつかつくることをお勧めします。すべて3ＬＤＫだと、ネット検索されるときも3ＬＤＫしかヒットしませんが、２ＬＤＫも入れることで間口が広がります。このことから一物件の間取りはできる限り複数あったほうが良いと考えています。

間取り変更の実例

Before

After

エントランス

エントランスは物件の〝顔〟です。オートロックを新規で設置。ドア、ポスト、照明などを一新することでよみがえります。

外階段・外構工事

鉄製の外階段は月日を追うごとにサビていきます。サビが進行すればするほど、爆裂のリスクが高まるとともにコストがかかるため、5年ごとの定期的なメンテナンス（上塗り）が欠かせません。

一方、内階段は劣化が少ないといえます。階段自体に汚れが少なく、表面が苔《こけ》むしている程度であれば、洗浄をして長尺（ちょうじゃく）シートを貼れば十分です。

オートロック設置の実例

鉄製階段の実例

Before

駐車場・駐輪場

駐車場は台数が足りているかどうかをチェックして、足りている場合、薄くなった線を引き直したり、雑草を取り除きます。もし入居者がいたとしても、引き直した線が乾くのにそこまで時間はかかりません。

そもそも駐車場がない場合は、近隣で確保することになります。

また必要があれば、駐車場のレイアウトを変えています。レイアウトを工夫するだけでも大きく結果は変わります。地方だと1台の駐車場代金が3000~5000円、都内だと1万円程度、なかには3~4万円になることもあるので大きな違いです。

ただ、施工自体は簡単ですが、レイアウトを考えるのは大変です。駐車してもらうための動線を考えなければならないからです。

くわえて駐輪場もできればあったほうが良いでしょう。屋根が付いていればなおのことです。

写真の物件にはもともと駐輪場があったので、塗り直してキレイにして再利用しています（次ページ参照）。

駐車場の実例

物件の差別化

一例として、ドッグランを設置したことがあります。

その物件の裏側には、木が生い茂っているスペースがあったので、そこを伐採してドッグランにしました。これによって物件のコンセプトを付けることができたと思います。

同じような条件の物件がなければ、地域のオンリーワンになれるので、ペットを持つ人から高評価を得られます。

実際、このドッグランは大変好評で、おかげ様で2019年8月現在、満室になりました。

また、エントランスの横には、外水道が付いているので足を洗うことができます。

この水栓はもとから付いていたもので、ペット用のシャワー施設として蛇口を交換して活用することにしました。

普通の水道だと洗車に使われてしまう等の心配がありますが、私の物件ではペットの足を洗うために使えるので一石二鳥です。ドッグランもあるので「ペットに優しい物件」という点を押し出せます。

とはいえ、外水道を付けたことで、家賃が上がったわけではありません。しかし、物件のコンセプト（入居率を上げるためのイメージ）を確立させる意味では大きな効果があったと感じています。

本書で紹介した事例のカラー写真を差し上げます。

ドッグランの実例

外水道の設置の実例

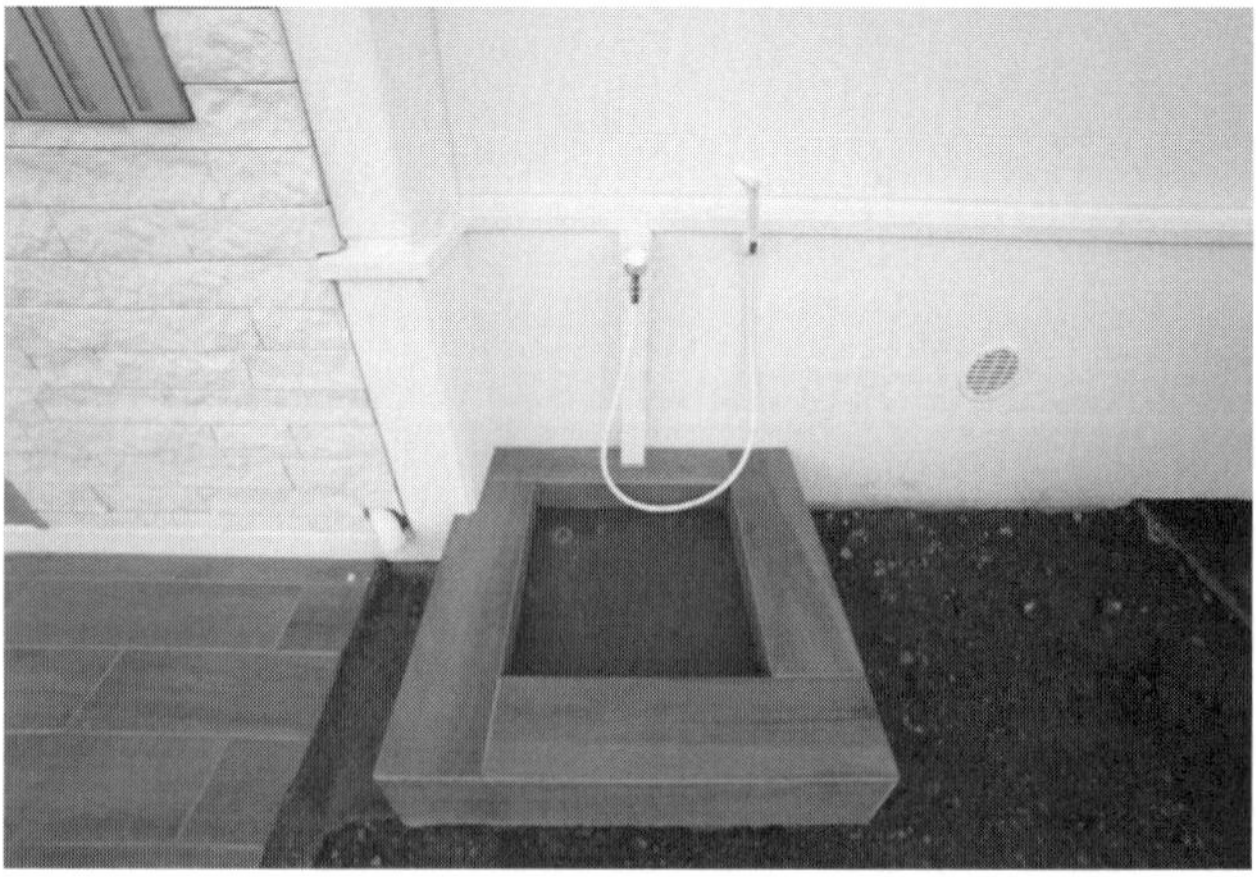

column 4

投資家インタビュー

I さん(仮名)

プロフィール

36歳の元サラリーマン。妻と子ども２人の４人家族。趣味はサーフィン。賃貸併用のマイホーム新築をきっかけに東京都内から千葉県の一宮に家族で移住した。現在は不動産投資・民泊・通信販売の事業を行っている。不動産投資歴は５年で、アパート５棟、賃貸併用住宅、貸戸建て５戸（うち４戸は建築中）がある。

複数の収入の柱をつくるため、不動産投資を開始

――不動産投資をはじめたきっかけは？

Ｉ「もともと、サラリーマンの給与とは別に、収入の柱が3本ほしいと考えていました。考えた柱は、１つ目は通販事業、２つ目は民泊事業、３つ目は不動産賃貸……不動産投資です。私は大手のＥＣサイトに長年勤めていまして、どうやったら通販でモノが売れるかなど、メーカーのサポートをしていました。その知識や実績がそのまま活かせると考えました。通販は伸びている業界で、参入する隙がいっぱいあります」

――不動産投資歴は？

Ｉ「民泊と不動産投資でいうと、先にはじめたのは不動産投資です。アパートが5棟、部屋数でいえば50室、月額のキャッシュフローは１００万円を超えています。新築投資は賃貸併用住宅とその敷地内に戸建て、さらに建築中の戸建てもあります」

――なぜ不動産投資だったのですか？

I「きっかけはサラリーマンを辞めたかったからです。収入は悪くないけれど、時間や精神的なところで、この先も長く続けられるだろうか疑問を持っていました。うちは共働きでして、奥さんもサラリーマンが大変で、２人で辞めたい夫婦だったんです（笑）」

――サーファーの街、千葉県の一宮に賃貸併用住宅を建てた理由は？

I「私は長男でして、ゆくゆくは両親と同居する可能性があります。幸い両親はまだ元気ですが、将来の備えのため2世帯住宅にできる家を購入して、今は賃貸併用住宅で運営しています。このエリアを選んだ理由はいくつかあります。趣味であるサーフィンができるということ、東京に出やすいこと、インバウンドに頼らない宿泊需要があるということ、所有物件が千葉に集中しているので管理しやすいことです」

――賃貸併用住宅の居住性は？

―「賃貸併用といっても上下階に分かれているタイプや2世帯が並んでいるテラスハウスタイプではなくて、2つの家があって、真ん中のパントリーで2軒がつながっています。土地が広いからこそできる、都会ではできない仕様です。だから2世帯住宅とはいえ戸建てとほぼ同じです。

自宅部分はリビング広く44畳あります。賃貸部分もリビングは広めにつくっており、寝室として使えるロフトが広いのが特徴です。生活スペースではない客間をつくるのはもったいないと考えたのですが、すごくいいです。自宅にも同じようなロフトをつけていますが、7〜8人くらい寝ることができます。家族が泊りにきても余裕です」

――建てるにあたってコンセプトは？

―「海で遊べる家です。プランニングの際は、『こういう家にしてほしい』という要望をたくさん伝えて形にしてもらえました。歩いて海に出られ、外シャワーをつけてバーベキューをしやすいように広いテラスをつけています。自宅も賃貸もどちらにもテラスはありますが、庭とちがって手入れもいらず使い勝手がいいですし、非日常を演出します」

――2020年、自宅敷地内に貸戸建てを新築されていますが、なぜ？

Ｉ「となりに戸建てを建てるアイディアがなぜ出てきたのか……。一宮はサーファーが集まる町で、海に対する強い需要があります。そこにあったコンセプトの賃貸併用住宅ができたので、残った敷地にさらに戸建て賃貸を建てようと考えました。自宅と調和する建物にしまして、自宅と同様に広めのリビングとロフトを備えています」

――以前は都会暮らしだったのに、一宮に住んで不便では？

Ｉ「話は前後するのですが、新しい戸建てを建てている最中、2020年の春にサラリーマンを退職しました。そのため通勤の必要はありません。だから不便はないですね。まわりからはいきなり辞めたように見えたと思いますが、実際には計画的でした。辞める気持ちはすごく強くて『最悪、通販の事業がうまくいかなくても、不動産投資の柱でなんとかなるから辞めよう』と思っていました。幸い、通販も民泊もうまくいきました。今は民泊が奥さん、僕が通販と不動産投資という風に分担して運営しています」

――ピカいちを知ったのは？

Ｉ「ピカいちの柳田さんとは、不動産だけでなくサーファー仲間ということもあって、公私共々仲良くさせてもらっています。もとはといえば、柳田さんのお兄さんとよく海に行ったり飲みに行ったりしていました」

――なぜ、ピカいちを選んだのですか？

Ｉ「もともとお兄さんを通じて名前も知っていましたし、ピカいちさんの建てたアパートや貸戸建てを見学させていただきました。実際、仕事ぶりは誠実で安心ができました。とくに２０２０年の戸建てのほうはコロナ渦にもかかわらず順調でした。提案もいただけるのですが自分の意見が出せて、それが設計に反映できる。融通が利いてやりたいことがすべて実現できました。担当の方と一緒につくりあげている感覚がすごくありましたね。

２年前の賃貸併用住宅がスタートで、２棟目の戸建て、今やっている４戸もすべてお願いしていますが、近くにある安心感や『何かあっても大丈夫』という信頼性があります。私はサーフィンをしますので、海に行くついでに現場を見て進展を確認して……という日々はとても楽しいです。今も建築中の現場がありますから、それを続けています」

――これからの不動産投資についてお聞かせください。

I「先ほど少し話に出ましたが、自宅の近くに貸戸建てを建築していまして、まもなく完成します。コンセプトはこれまでと同じ『海を楽しめる家』。この町では、海まで歩いて行ける距離の戸建てにニーズがあります。戸建てが完成したら、いったん新築投資はひと区切りつけるつもりです。４戸がうまく稼働したら次を考えていこうかな、と」

――最後にメッセージをお願いします。

I「不動産投資は住みやすい建物であることはもちろん、入居者のニーズにあった物件であることも非常に大切です。そのエリアに合った特徴を持たせて、ターゲットを絞ることによって強みを持つ物件ができます。これを実現するには、リフォームにしても新築にしても、信頼できる業者さんの存在は不可欠です。だからこそ私は、ピカいちさんにお願いできて本当によかったと考えています」

I さんの物件

第5章

売却×規模拡大！　選択肢を持って次のステージへ！

あなたの不動産投資の目的は？

第1章でお伝えしたとおり、昨今は**不動産投資で失敗するサラリーマン大家さん**が増えています。失敗する理由はさまざまですが、そのなかでも「**目的があいまい**」「**目的と行動が合っていない**」ということが主因ではないかと感じています。

あなたが不動産投資を行う理由、あなたの不動産投資の目的は何でしょうか？

不動産投資で何を達成するために行っているのか、まずそれを考えてほしいのです。

もちろん、答えは人それぞれだと思います。

「節税」「将来への不安」「子どもの教育資金」「サラリーマンリタイヤ」「生活にゆとりが欲しい」……いずれにしても「お金を稼ぐため」に行っている方が大半でしょう。

不動産が好きではじめて、利益はとくに気にしない。そんな方はとても稀だと思います。

お金を稼ぎ出すことが目的であれば、その最終的な目標を見据えましょう。そのうえで、目的を達成するためにやらなくてはならないことを一つずつ書き出してみてください。

それを確実に積み上げていきます。

ウソをつかず誠実に行うこと。誰かに任せるのではなく、きちんと考えて計算して事業として取り組みましょう。そうした心構えがあるだけで、未来が開けていくはずです。

私の場合でいえば、不動産投資で得たかったのは、「**時間とお金**」でしたから、「労力を少なくしてお金を得る」ことに注力しました。

しかし、第3章で述べたように不労所得を目指しているはずなのに、休日という休日をDIYに充てて、時間のロスどころか、家族に呆れられているような方も散見されます。

これでは完全に目的からズレていませんか？

常に目的を意識して、誰もが間違いのない完璧な行動をとることは非常に難しいですが、「道から外れていないか？」を常に見極めてほしいと思います。

序章にも書きましたが、目的を達するためには、達成するための行動を逆算して決めていきます。そして、その行動を達成していくことで目的が近づいてくるのです。

資金がなくてもOK！失敗リカバリーの方法

人任せにした結果、失敗した人はその認識がありません。しかし、自分の失敗を認識したのであれば、改善するためには何が必要なのかを考えることが非常に大切です。

その投資家が成功しているか否かは、主に「**キャッシュフローがあるかないか**」です。いくら高利回りでも空室だらけだったら、お金が入ってきません。また、短い融資期間で資金繰りが苦しく手元にお金が残らない……そんなケースもあります。

失敗している人たちは、その物件をいかに改善するか、再生するかに尽きます。そして収支を良くしていくことに注力します。その目的のためには、何ができるか考えてみましょう。

たとえば、借りているアパートローンの金利が高いのであれば、「金利交渉をする」「借換え先を探す」といった行動が考えられます。

もし、それがすぐに達成できなくてもあきらめてはいけません。「今は空室が多く収支が赤字」であれば、空室を埋めて黒字の確定申告を出せるようになればチャンスがあります。

また、物件を見直しましょう。本書でお伝えしたような**リフォームをして価値を最大限に引き出して収益を上げる**ことで収支は改善します。

ここで「リフォームの資金がない」という方もいるでしょう。しかし、**リフォーム資金は借りることができます**。

そもそも築古物件であれば、原状回復費に多額のお金がかかるものです。

そこでお金を使うのであれば、いっそのこと大幅なリフォームをしたほうがメリットは大きいです。

そのための資金がなければ借入れもできます。リフォームローンであれば1000万円までは借りられる可能性は高いでしょう。

現在、不動産投資における融資は、第1章で述べた金融機関の不祥事もあり、大変厳しくなっています。しかし、物件取得のための融資とリフォームローンは商品が違います。

多額の融資を受けている人であっても、借りられる可能性は十分にあります。

リフォームローンの審査では、提出する書類が少ないのが特徴です。工事内容を明らかにして、見積書を付けて審査する流れです。ただし、**リフォームローンは当社のように、取り扱いができる会社が限られていますので注意が必要です**。

また、1000万円という金額では、大きな物件の場合、すべての部屋のリフォームができないかもしれません。そうであれば、まずは1室、2室と収支を改善していきましょう。

リフォームをした部屋の家賃を上げることがプラスに働きます。手持ちのキャッシュに余裕のない方へこそ、このリフォームローンを使った収支改善策をお勧めします。

ここでは、200万円のリフォームでどのくらいの利益が上がるか検証してみましょう。

1部屋200万円のリフォーム

200万円のリフォーム工事を行ったら、空室の3万円で募集していた部屋が5万5000円の家賃収入を生むことができました。2万5000円の家賃UPに対してローン返済は約2万円。また、リフォーム利回りは15%ですから、行った設備投資は約7年で回収できます。さらにこの場合、キャッシュフローが5000円増えています。

続いて500万円で3部屋のリフォーム、5部屋1000万円のリフォーム工事を行っ

・リフォーム利回り15%

リフォーム前の家賃3万円
リフォーム後の家賃5.5万円
家賃UP2.5万円

2.5万円×12カ月＝30万円　30万円÷200万円＝15%

・融資期間10年間・金利約3%
・家賃UP2.5万円－月々の返済２万円＝
5,000円のキャッシュフローUP
・5,000円のキャッシュフローUP＋ピカピカの部屋が
手に入る

・リフォーム利回り14.4%

リフォーム前の家賃6万円
リフォーム後の家賃8万円
家賃UP2万円×3部屋＝6万円

2万円×12カ月×3部屋＝72万円
72万円÷500万円＝約14.4%

・融資期間10年間・金利約3%
・月々家賃UP６万円－月々の返済48,000円＝
12,000円のキャッシュフローUP
・12,000円のキャッシュフローUP＋ピカピカの部屋が
手に入る

たケースで考えてみましょう。

3部屋500万円のリフォーム

3部屋500万円のリフォーム工事を行うことで、空室1部屋6万円で募集していた部屋が8万円の家賃収入を生むことができました。6万円の収入UPに対してローン返済は約4万円。リフォーム利回りは15%ですから、行った設備投資は約7年で回収できます。さらにこの場合、キャッシュフローが1万2000円増えています。

5部屋1000万円のリフォーム

5部屋1000万円のリフォーム工事を行うことで、空室1部屋5万円で募集していた部屋が7万円の家賃収入を生むことができました。10万円の収入UPに対してローン返済は約9万6000円。また、リフォーム利回りは12%ですから、行った設備投資は約8・3年で回収できます。さらにこの場合、キャッシュフローが4000円増えています。

時間が経てば経つほど残債は減っていきますし、金融機関への実績となります。そこで信用を付け、くわえて事業として黒字であれば、次の物件の融資も見えてきます。

・リフォーム利回り12%

リフォーム前の家賃5万円
リフォーム後の家賃7万円
家賃UP2万円

2万円×12カ月×5部屋＝120万円
120万円÷1,000万円＝12%

・融資期間10年間・金利約3%

・月々家賃UP10万円－月々の返済96,000円＝4,000円のキャッシュフローUP

・4,000円のキャッシュフローUP＋ピカピカの部屋が手に入る

非収益物件から高収益物件へ

私は、**リフォームによって物件の価値を上げられることに気づいていない人が多い**と感じています。

感覚としてはリフォームを「修繕」（壊れたものを直す工事）「原状回復」（もとに戻す工事）だと考えて、ただの経費程度の認識しかない人が多いようです。

私の考えとしては、**リフォームは投資であり、非収益物件から高収益物件にも変える力がある**と思います。

多くのサラリーマン投資家はリフォームに対して、なるべくお金を惜しみたいと考えており、投資をする感覚が欠如しています。

リフォームを経費として考えてしまえば、ただのキャッシュアウトでしかありません。そうではなく「物件をより良くするもの。よりお金を生み出すもの」と捉えてみましょう。

私が提案しているのは、このように投資的な考え方です。たとえ最初の段階でキャッシュアウトが伴ったとしても、そこに新たなお金を稼ぎ出すことができれば良い投資なのです。

またうまくやれば、キャッシュフローが増える効果も期待できます。不動産投資の王道はキャッシュフローを多く得ることだと思います。

収益力を上げるには、物件に力がなければいけません。

空室をただ埋めるのではなく、より高い家賃で埋めることができれば収益はアップしキャッシュフローが厚くなります。そして、その利益で投資したリフォーム資金を取り戻すことができるのです。

不動産投資で重要なのは、「費用対効果が高く、高収益な物件に変えるためのノウハウを持っていること、そして売却をうまく連動させられること」です（売却については次項にて解説いたします）。

不動産投資における失敗にはいくつか種類がありますが、「致命的な失敗物件」を除けば、実はやり直せるケースも多々あります。

★保有か売却か……選択肢をつくることが大事

２０１７年までは物件が高騰して買いにくい状況が続いていました。そして、２０１８年からぱったりと融資の扉が閉じてしまい、サラリーマン投資家が新規で物件を購入するのが難しい状況です。

買いにくいということは売りにくいのと同義であり、このような市況では、なかなか買い手を見つけることができません。

しかし、リフォームをして高稼働で運営ができていれば、残債がどんどん減っていきます。また利回りが上がるので、売却のチャンスも広がります。

つまり、たとえ過去には失敗物件だったとしても、売れる物件に変わるということです。

私からすると、物件の可能性（以下「ポテンシャル」）を最大化できていない物件は数多くあるように見えます。伸びしろがまだまだあるのに、低い家賃で貸してしまうのは非常にもったいないです。

逆に、ポテンシャルを見抜いて最大化しているサラリーマン投資家は、不動産投資で失敗はしていないはずです。

「サンタメ業者」といわれる中間省略を行う業者は、投資家側の無知識をわかったうえで、仕入れた物件に多くの利益を乗せて転売しています。

その価格の基準は、物件の価値に見合ったものではなくて、銀行融資が通る基準に合わせており、「収支は合うのか？」「投資として儲かるのか？」ということは考えられていません。

このような不動産業者は、「融資付屋さん」という名がふさわしいくらい、ただ売るだけで終わっていたのではないでしょうか。

そして、そのような失敗物件を買う人もまた、「その物件がきちんと稼働するかどうか」ではなく、「融資が付くかどうか」で判断して買っているので、物件のポテンシャルに意識を向けることがないのだと思います。

売却した人も「売り時だから」という理由だけで売ってしまっているケースがほとんどです。

結局のところ、投資家側も業者側も同じ理由で、右から左へ物件を流しているところが非常に多く見受けられました。

このようなやり方は、融資が付きやすい市況であれば高値売却は可能ですが、完全にタイミングに依存するのでギャンブルのようなものです。本物の投資家は、**物件のポテンシャルを最大限に引き出して、収益を最大化して運用しています**。

また、失敗物件は売却すべきと提案はしているものの、今の市況だと融資を受けて買う人を見つけるのは難しいのが事実です。しかし、時代は繰り返します。高稼働物件を所有していれば、必ず売却できるタイミングが出てきます。

融資というのは、ずっと門戸が開いている時期が続くわけでも、ずっと厳しい時期が続くわけでもありません。

ですから、今は焦って売る必要はまったくなく、物件の価値を最大化に注力すべきだと考えます。「所有する・売る」という選択肢を持っておくことがとにかく重要です。

★利回り15％で買って5年後に20％で売却

失敗物件を購入していたとしても、きちんと稼働させて物件の価値を高めることができれば売却が可能です。そして、いよいよ新たな物件を購入します。

収益物件というのは、本来「収益性」で取引されるものです。積算評価もありますが、結局のところ**その物件がどれだけ家賃を稼げるか**ということが、もっとも大切といえます。

今の市況であれば、最初から利回り15％の物件を買うのはまだ難しいかもしれません。表面的には利回り15％以上であっても、家賃を相場に引き直して、リフォーム費用を加味すれば利回りが落ちるケースは多いものです。

ですから、その物件が将来的に利回り15％になるポテンシャルがあるかどうか、それを基準に物件を探していきましょう。

たとえば、今の家賃が6万円、利回りが9％だったとしても、物件のあるエリアに賃貸ニーズがあり、部屋の平米数も十分であれば、リフォーム代を加味したうえでも収益率が大きく上がる可能性は十分にあります。

また、利回り15％で購入できたとすると、5～6年後に20％で売却しても十分儲けが出ます。20％という高利回りであれば、どんな市況であれ買い手はいますし、価格帯が低ければキャッシュで買う人もいます。むしろ融資が開いている時期であれば、より高値で売却できるでしょう。

この考え方で不動産投資をしていくと、市況に左右されることが少なくなります。

また、売却の際に意識いただきたいのは**譲渡税**です。

土地や建物を売ったときの譲渡所得に対する税金は、分離課税といって給与所得などの他の所得と区分して計算します。

売った土地や建物の所有期間が、売った年の1月1日現在で5年を超えるかどうかにより、適用する税率が異なります。

5年を超えたところで長期譲渡所得となり税率が20％になりますから、売却のタイミングを考えた時「5年間所有」を目安にすることをお勧めします（個人所有の場合）。それ以下の場合は、短期譲渡所得となり税率は39％です。

所有期間により税率が変わる

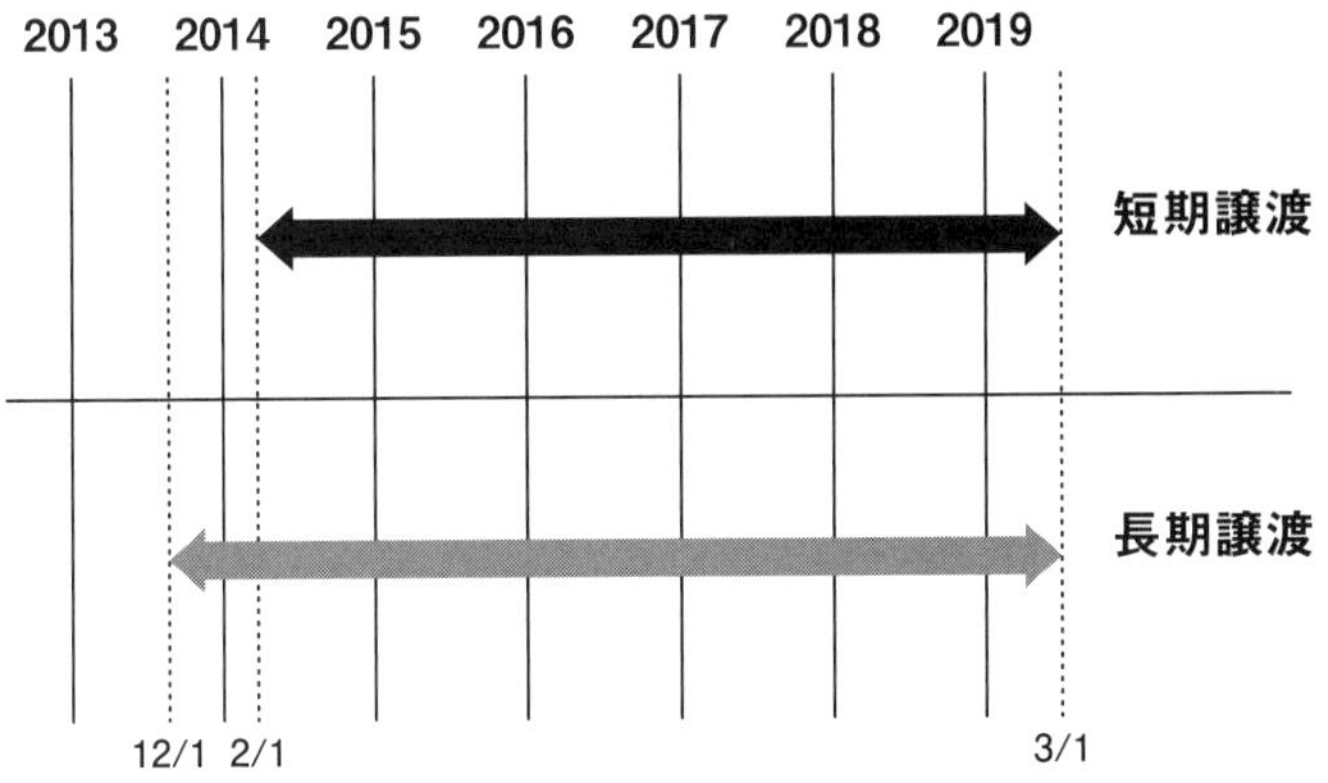

※長期譲渡は1月1日現在で5年を超えること

税率

区分	所得税	住民税
長期譲渡所得	15%	5%
短期譲渡所得	30%	9%

キャッシュは温存する

また、買い増しをするとき、キャッシュはできるだけ温存すべきです。

今までは通帳の数字を改ざんなど、お金がないのに持っているように見せかけて失敗してしまう人がいましたが、本当にお金があって使わないのであれば、それが理想的な方法です。

大きな借金を恐れる人もいますが、不動産投資を行うにおいて、キャッシュ切れを起こすことがもっともリスクだと考えます。

よく「銀行は雨の日に傘を取り上げ、晴れの日に傘を貸す」といいますが、まさにそのとおりで、キャッシュを持っている人であれば銀行はお金を貸してくれるのです。

繰り返しになりますが、現金がなければ、お金は借りられなくなってしまいます。それは破産を意味します。

銀行はこちらに余裕があるときにしかお金を貸してくれないため「お金があるのに金利

を支払うのはもったいない」と感じる人がいるかもしれません。私は、金利は保険料として考えると良いと思います。

よくファイナンシャルプランナーが住宅ローンのアドバイスをするとき、繰上げ返済を勧めますが、不動産投資では繰上げ返済を絶対に勧めません。

これはマイホームを購入するための住宅ローンであっても同様です。もしも繰上げ返済をしてしまってキャッシュがなくなったら、お父さんが病気にかかった、子どもが事故に遭った……といった有事に対応ができなくなってしまいます。

不動産投資では、お金を借りることが悪いと思っていたら絶対に成功できません。

お金を借りてお金を増やしているのですから、**お金を借りることは「善」なのです**。要するに、そのお金をどう投資するかが重要なのです。

不動産投資は会社経営と同じで、現金がなくなった時点で破産となります。決算上マイナスになっても、現金がなくならなければ耐えられます。逆にいうと、**現金がなくなれば黒字でも倒産する**わけです。そこを絶対に見誤ってはいけません。

融資を活かして次のステージへ

サラリーマン投資家のやり方として、はじめは自らの**属性**（年収・自己資金・勤務先など）を武器にして融資を引き出します。今でも年収1000万円以上の人はどこの金融機関でもお金は借りやすい傾向があります。

しかし事業が好調になると個人の属性という壁は外れて、**会社としての信用**でお金を借りられるようになっていきます。年収がいくらかといった問題ではなく、会社の実績と事業計画で融資の可否を判断されるのです。

また個人投資家であっても、規模が大きくなると金融機関にとって上客になるので、ある程度は支店の権限内で自由に融資が組めるようになります。

耐用年数オーバーの物件など、通常であれば融資がおりにくい物件も買えるようになります。融資特約付きでなくとも、業者でなくとも買えるようになるのです。このレベルまでくればビジネス経営として話が進んでいきます。

そうなると物件の仕入れもしやすくなりますし、上流の情報が流れてくるので、どんどん買い進めることができます。

私はこの9年間で不動産投資の規模を拡大し、リフォーム・リノベーション、アパート等の新築の事業も軌道に乗せていきました。

ただし、すべて順調にことが運んだわけでもありません。むしろ、失敗やつまずきもたくさん経験しています。それでもここまで来れたのは、その時々で素晴らしい仲間に恵まれ、目標を立ててそれを逆算し、計画を立てて地道に実行して、最も良い条件で投資をしたからです。その結果としての今があるのだと感じています。

さすがに最近は数が減りましたが、会社をリタイヤしたあと、まったく融資が付かなくなったというサラリーマン大家さんは数多くいました。

銀行員に「会社を辞めても融資をしてくれますか？」と事前に聞いておけば良かったのに、無計画に辞めてしまったゆえに、そうした結果を招いたのだと思います。

なかには会社を辞めることを秘密にして、自分の与信枠いっぱいに融資を借りてから退職するような人もいました。

サラリーマン不動産投資ブームにおいて「会社を辞めたらお金を借りられない」という

知識が一般的でなかったころの話です。

しかし、融資の行き止まりを迎えた元サラリーマン投資家たちも、2~3年程度の努力をして実績を積み重ね、事業者として復活するパターンがあります。

たしかに停滞している期間はロスが生じているわけですが、多少の回り道をしたとしても、軌道修正をして不動産投資の成功の道へ戻ってきている人も大勢いるのです。

ちまたには不動産投資で大成功を収めるような武勇伝の書かれた本が大多数ですが、100%成功している人なんて存在しません。**紆余曲折を経て成功に結び付いた**……それが本当のところだと思います。

おわりに――小さくはじめて大きく広がっていくのが王道

最後までお読みいただきましてありがとうございます。

本文では「借金は悪ではない」ということをお伝えしましたが、最初からレバレッジを利かせて大きく投資をはじめてしまうのもまた大きなリスクです。

昨今の不動産投資の失敗は、現金も知識も持たずといった、本当の実力がまだ身に付いていない状況にもかかわらず、ハイレバレッジ投資を行った結果にあると思います。

レバレッジを上手に利用すれば、少ない元手で大きな利益を得られますが、失敗の場合はその逆で、乗り越えるのに膨大な負担がかかるリスクを抱え込むことになります。

不動産投資はビジネスなので、はじめは失敗があって当たり前です。

むしろ、失敗することを前提に投資計画を立てるべきです。最初は失敗しても致命傷にならない程度に小さくスタートし、経験を積むにつれて少しずつ拡大していけば良いのです。

これは筋トレと同じで、最初から１００キロのバーベルを持ち上げるのは困難ですが、筋肉を鍛えていけば10キロ、20キロとコツコツと重さを増していくことができます。属性が良い人であればいきなり１００キロからスタートできるわけですが、それは、自分の力でないことに気づいていないのです。

サラリーマンマインドが抜けない方だと、小手先の考えでうまく立ち回ろうとする傾向にありますが、それは避けたほうが良いでしょう。目の前の融資しか見えなくなってしまうと、エビデンス改ざんや二重契約などの違法行為に手を出すことになりかねません。

不動産業者や銀行に対して、黙っていたりウソをついたりすると、必ず代償となって自分に跳ね返ってきます。

自ら不正を望まなかったとしても、**悪質な業者にすべてを委ねた**結果、失敗していることも多いです。サラリーマンとして優秀な方は、真面目に仕事をこなす能力は高いけれども、自分の頭を使って考える習慣が希薄です。

失敗物件を購入した人たちを見渡せば、一部上場企業に勤めるサラリーマン・公務員・医師・士業の方など、一般的にはエリートと呼ばれる方々が多くいました。

つまり、視点を変えることができれば、能力は高く努力もできる方々なので、復活できる可能性が十分にあると思うのです。とはいえ、現実には失敗に気づいた時点であきらめてしまう人が多く、それは非常にもったいないように感じます。

投資は結果がすべてです。入口で失敗しても最終的に黒字にもっていくことができれば、それで良いのです。

どうかあきらめず、自身の力で立ち上がっていただきたいと思います。**不動産投資では行動が何より重要**です。ご自身の投資に不安や悩みをお持ちでしたら、ぜひ私にご相談いただければ最大限サポートさせていただきます。

最後に、お忙しいなかこの本のインタビューに答えてくれた菊池隼さん、羽生聡さん、サーファー薬剤師さん、Ｉさん、この本の制作にあたって、編集協力の布施さん、プラチナ出版の今井さんほか、協力してくれましたすべての人に感謝いたします。

令和３年３月

柳田　将禎

本書購入者限定!!

\ 3大特典プレゼント /

本書をご愛読いただけた方限定で、書籍では出し切れなかった
リノベーションの見積費用やリフォームの詳細資料、
物件概要書を差し上げます。

3大特典内容

特典1 一棟丸ごとリノベーションの見積書

特典2 リフォーム見学会の資料

特典3 土地から仕入れて新築利回り10%の概要書

流れは下記の通りです。

1. QRコードより【ピカいち公式LINE@】にご登録ください。
↓
2. 登録が済みましたら『書籍特典』とメッセージを入れてください。
↓
3. 【ピカいち公式LINE@】より書籍特典ダウンロードページのリンクとPWが送られてきます!!

▶▶▶▶▶▶

HP　ライン@　フェイスブック　ブログ　インスタ

PIKAICHI6984

●著者紹介

柳田将禎（やなぎた　まさよし）

株式会社ピカいち代表取締役

神奈川県生まれ。専門学校に在学中、自分の堕落した生活に終止符を打つ決断をする。翌年の春陸上自衛隊に入隊。２年間を自衛隊で過ごし、その翌年オーストラリアに渡り１年間語学とサーフィンに熱中し、翌年帰国。オーストラリアではハウスクリーニングで生計を立てる。その後、英会話学校マネージャーをしながら、競売物件を購入して不動産投資を開始。ボロボロ物件を再生、高利回り物件に仕上げる手法で次の物件を買い増やす。その後、内装・塗装工事・戸建住宅リフォームなどの修行をして、ピカいちを設立する。現在 68 棟 650 世帯、物件総額 33 億円以上を満室表面利回り約 18％以上で稼働させている（法人・個人名義を合算。2021 年３月現在）。リフォーム実績は累計 9567 世帯。
「勝てる！不動産投資コンプリートガイド」（柳田武道著・幻冬舎刊）、「空き家は使える！戸建て賃貸テッパン投資法」（サーファー薬剤師著・技術評論社刊）で紹介される。

現在千葉テレビでＣＭ放映中。
千葉テレビ『ビジネスフラッシュ』でも弊社が紹介された。
http://business-flash.com/guest/ ピカいち /

ピカいちのリフォーム投資【改訂版】

2019年10月11日　初版発行
2019年10月25日　初版第2刷発行
2021年 4 月26日　改訂第2版発行

著　者　　柳田将禎
発行人　　今井　修
印　刷　　モリモト印刷株式会社
発行所　　プラチナ出版株式会社
〒104-0031　東京都中央区京橋3丁目9-8
京橋白伝ビル3F
TEL 03-3561-0200　FAX　03-3562-8821
http://www.platinum-pub.co.jp

落丁・乱丁はお取替え致します。

ISBN978-4-909357-67-0